シリーズ『岡山学』13

データでみる岡山

岡山理科大学『岡山学』研究会

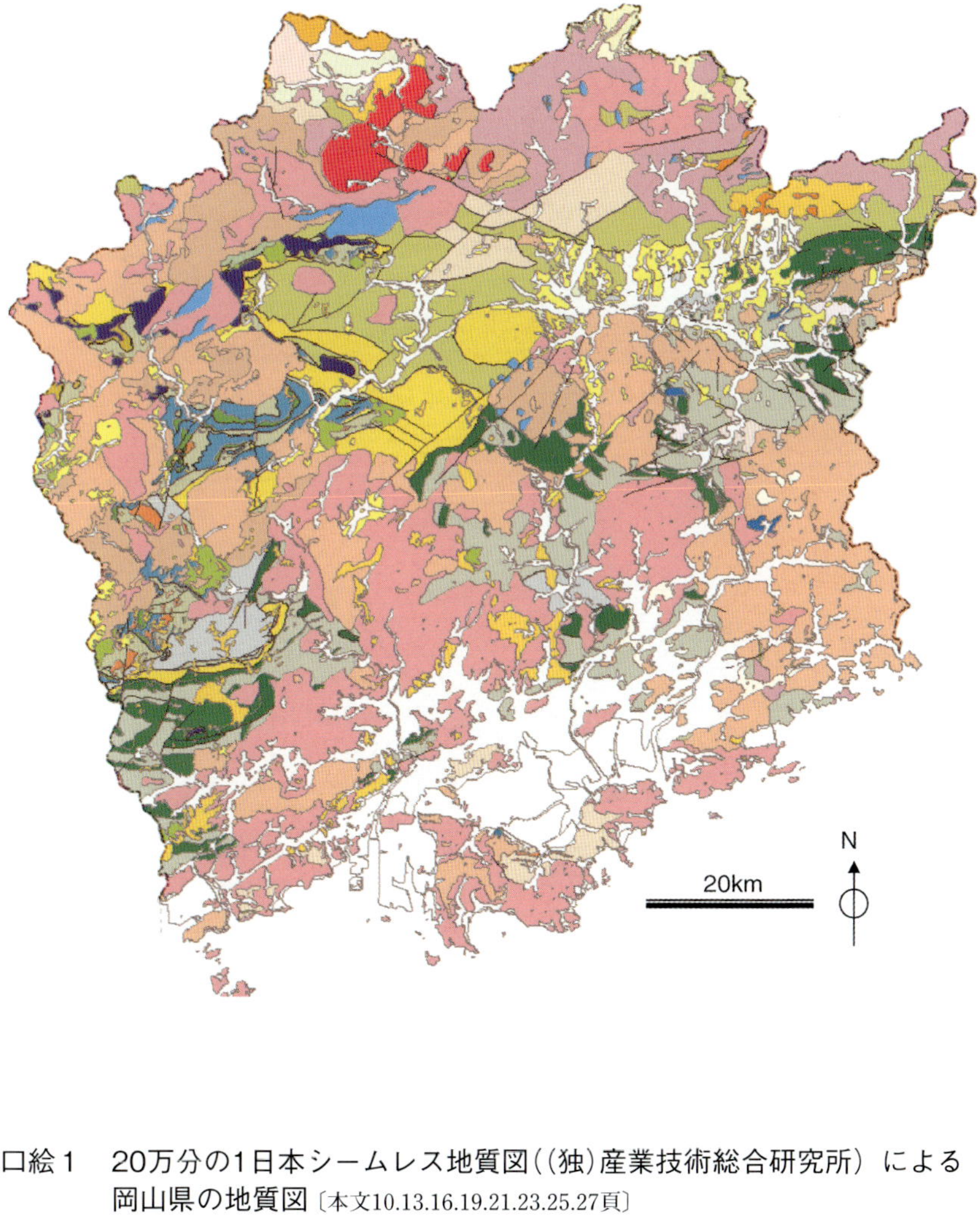

口絵１　20万分の1日本シームレス地質図（(独)産業技術総合研究所）による
岡山県の地質図〔本文10.13.16.19.21.23.25.27頁〕

口絵２　備讃瀬戸での夕凪の様子。夏の夕凪は蒸し暑さをもたらすが、その程度を不快指数を使って計算することができる。〔本文62頁〕

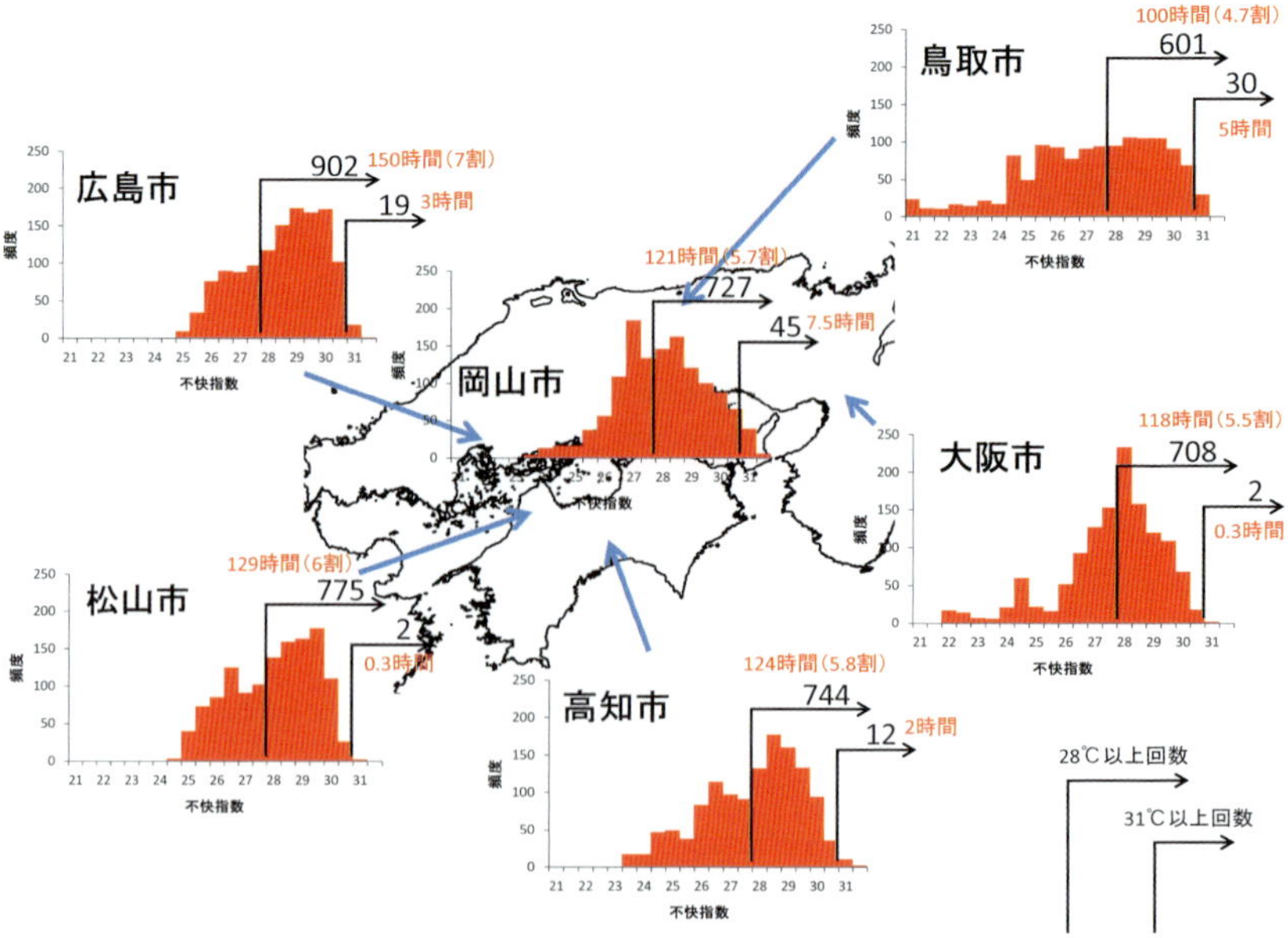

口絵３　2013年8月7～15日に瀬戸内海とその周辺地域で観測された不快指数の出現頻度分布。10分値に対する結果で、28℃以上と31℃以上の記録回数を数字で示してある。〔本文64頁〕

はじめに

岡山理科大学『岡山学』研究会が刊行する、シリーズ『岡山学』がこの『データからみる岡山』で一三冊目になります。

岡山理科大学『岡山学』研究会は、一九九九年に岡山理科大学の総合情報学部（二〇一二年に新設された生物地球学部に移動したメンバーを含む）の教員が中心になって、「岡山」という地域を対象に、自然科学、人文科学、社会科学、情報科学などいろいろな方向から検討して、明らかにしていこうという目的で作られた研究会です。

これまで「岡山市朝寝鼻貝塚」「備前焼」「吉井川」「旭川」「鬼ノ城と吉備津神社」「高梁川」「岡山の災害」「瀬戸内海」などをテーマに、シンポジウムを開催してきました。そしてシリーズ『岡山学』1として『備前焼を科学する』、同2として『吉井川を科学する』、同3～6として『旭川を科学するＰａｒｔ1』～『同Ｐａｒｔ4』、同7として『鬼ノ城と吉備津神社―「桃太郎の舞台」を科学する』、同8として『高梁川を科学するＰａｒｔ1』、同9として『岡山の「災害」を科学する』、同10として『高梁川を科学するＰａｒｔ2』、同11・12として『瀬戸内海を科学するＰａｒｔ1』、『同Ｐａｒｔ2』を刊行してきました。

今年は昨年一二月に開催した第一六回『岡山学』シンポジウム「データからみる岡山」を一冊にまとめることにしました。これまでの岡山県内の特定地域を対象としたものではなく、いろいろなデータを用いて、いろいろな方向から岡山を検討したものです。

まず、情報地質学が専門の能美洋介さんに、「複雑な岡山の地質」というテーマで、（独）産業技術総合研究所地質調査総合センターがインターネット上に公開している「二〇万分の一日本シームレス地質図」を使って、古生代から現代に至るまでの地学的な営みの結果できあがった岡山県内の多様な地質について述べていただきました。

次に、植物生態学が専門の太田謙さんに、「岡山市の植生」というテーマで、現在と過去の植生データを用いて、岡山市の操山と龍ノ口山の戦後六〇年間の植生の移り変わりについて述べてもらいました。

三番目に、気象学・大気環境学が専門の大橋唯太さんに、「岡山市における夏の気温と不快指数」というテーマで、気象庁によって観測された気象データを用いて、瀬戸内地域の夏の蒸し暑さの理由について、気温、湿度、風を中心に述べてもらいました。

四番目に、統計学が専門の柳貴久男さんに、「家計調査から見た岡山市」というテーマで、平成二四年度の総務省統計局全国家計調査データをもとに、収支、食費、その中の肉類の消費などについて統計処理を行い、岡山市の家計の特徴について、実際のデータのみから述べてもらいました。

五番目に、マクロ経済学・経済政策が専門の三原裕子さんに、「大学生のすがたから見る岡山県」

という テーマで、岡山県下を含む中国・近畿地方を中心とする全国二〇大学の学生さんを対象に行ったアンケート調査のデータをもとに、岡山県出身者、岡山県下の大学に通う学生さんたちのアルバイト状況、資格取得に関する意識などについて述べてもらいました。

以上のように、本書は、情報地質学、植物生態学、気象学・大気環境学、統計学、マクロ経済学・経済政策の専門家たちがそれぞれの分野に関わるそれぞれのデータを用いて、岡山という地域を明らかにしようとしたものです。いろいろな方向から検討することで、岡山の多様性が見えてきたものと思います。

これまでの地域を中心としたテーマと違って、いろいろな岡山が見えてきたのではないでしょうか。本書が岡山という地域を少しでも知り、考える冊子としてお楽しみいただければ幸いです。

二〇一五年一二月三日

岡山理科大学『岡山学』研究会代表　亀田　修一

目次

カバーデザイン・久山卓夫

データでみる岡山

複雑な岡山の地質

二〇万分の一日本シームレス地質図

「二〇万分の一日本シームレス地質図」は、（独）産業技術総合研究所地質調査総合センターによる、インターネットで閲覧可能な地質図です（参照先：https://gbank.gsj.jp/seamless/）。同センターでは、これまでに五万分の一地質図などの紙ベースの地質図を製作していますが、図幅の製作年代が違うと地質の分類基準が異なり、隣接する図幅間に地層境界線の食い違いが生じることがありました。このような不都合を回避し、日本全国の地質を統一した基準で表現することを目的にシームレス地質図は作成されました（産業技術総合研究所地質調査総合センター（編），二〇一五）。シームレス地質図上で地質図は、国土地理院の標高タイルデータ上にオーバーレイされているので、縮尺を変えながら閲覧することや、鳥瞰図として描画することが可能です。また、分類された地質ごとに番号が付してあり、この番号と凡例を対照させると地質の種類や形成年代を知ることができますが、目的の地点をクリックすることでそれらの情報をポップアップで表示させることもできます。地質の描画精度は、地質調査総合センターが発行している「二〇万分の一地質図」と同程度とされています。地域の地質や地層を調べたいときや、地質学の研究はもとより、生態学や地理・考古学などのフィールドワーク研究でも便利に利用することができます。

シームレス地質図の地質図データは、各種の地理情報システム（GIS）でも利用可能です。この報告では、シームレス地質図の地質図データを、オープンソースのGISソフトウエアであるQGIS（Quantum GIS）上で切り取りなどの加工をし、岡山県域だけの地質図としました（口絵1参照）。その内容は本文で解説していきますが、パソコン画面にシームレス地質図を描画させ、併せてご覧いただくことをお勧めします。本文では、地質図の凡例を参照していただくため、地質番号を小見出しの下の（）内に示しました。

口絵に示された岡山県のシームレス地質図を一見すると、とても細かく色分けされていて、その分布の様子がたいへん複雑であるということがわかります。このような複雑な岡山の地質を年代順に概観していこうと思います。

岡山県内の基盤をなす地層・岩石（26・60・64・65・66・67・76・77・157・158）

岡山県のシームレス地質図で示された地質の中で最も古い時代にできた地質体は、図1の矢印で示される部分とこれに隣接する地質体です。矢印が指している部分の一つは石灰岩（66）であり、新見市から高梁市の西部にかけて分布し、「阿哲石灰岩」の名で呼ばれています。これらの石灰岩からは一部でフズリナやウミユリなどの化石が産し、古生代の石炭紀からペルム紀にかけて形成されたことが明らかとなりました。石灰岩に付随する地質体は主に玄武岩の溶岩や玄武岩質の凝灰岩（67）、チャート（65）などの岩石です。玄武岩質の岩石は古生代の太平洋の海山を構成する岩石であり、こ

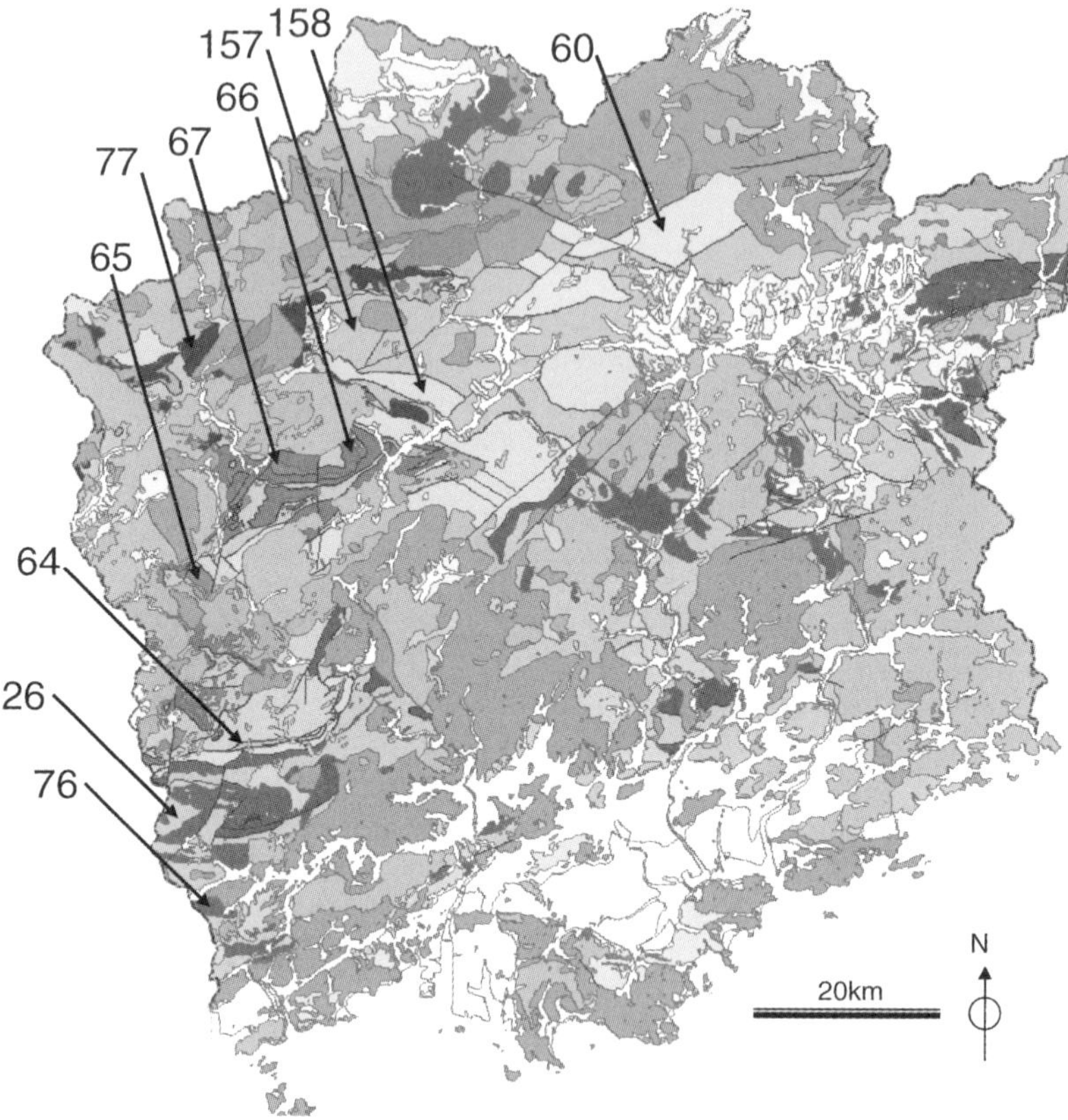

図１　岡山県内の基盤をなす地層・岩石

の島に形成されたサンゴ礁が、その後石灰岩になりました。その意味から、これら石灰岩と玄武岩質の岩石はセットの地質体です。また、海山のまわりの深海底では、放散虫など珪質の殻をもつプランクトンの殻が積もりチャートを形成しました。これら一連の岩石たちは、当時の海洋プレートに乗ってユーラシア大陸の東端まで運ばれてきて、やがて、海溝付近ではぎ取られたと考えられています（能美，二〇一〇）。

海洋プレート上の地層や岩石が、海溝付近ではぎ取られて大陸側に寄せ集められた地質体は、付加体と呼ばれています（26・64・158）。石灰岩などは、海溝付近に厚く堆積した砂岩・泥岩の中にくるまれた異地性のブロックとして付加体に含まれます。時には海洋プレート本体の玄武岩や斑レイ岩（76・77）をもブロックとして含むことがあります。その形成機構から、付加体は多くの断層で切られたり、押し付けられた圧力で変形しています。さらに、大陸側に押し付けられた後、表層部が滑り落ちるなどして、付加体を構成する岩石が泥質の基質の中に散らばった構造を呈することもあります。このように、付加体の地質は部分的にかなり複雑な様子を示し、付加体の岩体は地質図での分布がバラバラになって連続性が良くないことが多く、付加によって海山を構成する玄武岩質岩と石灰岩も、バラバラに分布したのだと解釈されます。

阿哲石灰岩とそれに付随する岩石は、石炭紀からペルム紀に形成されたものですが、これらがユーラシア大陸に付加したのはペルム紀の後半であると考えられています（60）。日本の滝百選の一つである名瀑「神庭の滝」付近には、石灰岩や玄武岩質岩のほかに、チャートや酸性凝灰岩（大陸の火山から放出された火山灰が堆積したもの）、海洋プレート本体と考えられる超塩基性岩が変質した蛇紋岩などが、泥質岩の中にくるまれた少し大きなブロック状岩体として出現します。その泥質岩からペルム紀後期を示す放散虫が発見され、一連の付加体の付加年代が求められました。神庭の滝付近に分布するペルム紀の付加体は真庭層群と呼ばれています（三宅，一九八五）。また、高梁市の西部から、井原市北部にかけての地域にも、石灰岩などの岩体を含むペルム紀の付加体が見いだされ、こちらは芳井層群と呼ばれています。さらに、児島半島の金甲山や岡山市街地の北方の龍ノ口山、瀬戸内市にかけて、超丹波帯と呼ばれる地質体が兵庫県から細長く切れ切れに出現するほか（武蔵野，二〇〇五）、津山市の南東付近では、舞鶴帯と呼ばれるペルム紀から中生代三畳紀にかけての付加体が分布します（158）（竹村ほか，二〇〇九）。

これら付加体の一部の地質体は、付加時にかなり深いところまで押し込まれ、岩石が高圧変成を被りました（157）（能美，二〇〇六）。変成が起こった時代は、中生代のジュラ紀と考えられていますが、ペルム紀の付加体を構成する岩石中には、これらの高圧変成岩も含まれるので、地質図はさらに複雑になっていきます。

最近の研究で、津山市南部の舞鶴帯を構成する一部の岩体から古生代カンブリア紀の年代を示す岩体があることが報告されました（原田ほか，二〇一五）。今後の研究の進展を期待しますが、岡山県内としては最古の年代を示す岩石になりそうです。いずれにしても、これらの地層は岡山県の地質の土台を成しているもので、その土台からして複雑な経歴を持っています。

中生代の堆積岩（16・22・23）

ペルム紀付加体からなるユーラシア大陸東端の陸棚には、中生代の三畳紀に窪みができて、そこに砂や泥が堆積しました。この地層は高梁市西部の成羽町から川上町にかけての地域に出現し、成羽層群と呼ばれています（図2：23）（宮本，一九八七）。岡山市北部の御津町の付近でも同じ時代

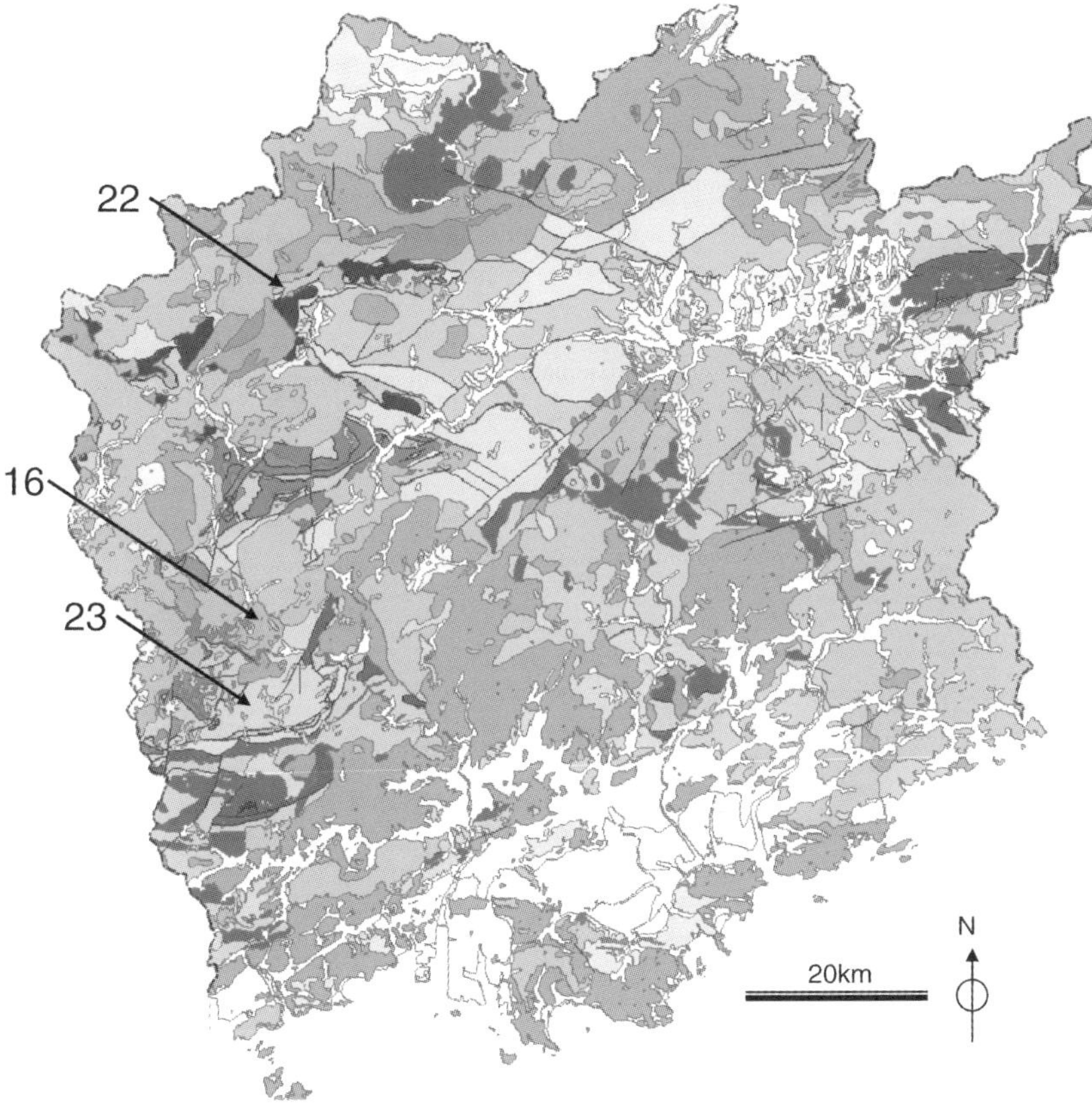

図２　中生代の堆積岩

の地層が確認されており、成羽層群に対比されています。成羽層群は、陸水的な環境から、沈降が進んで海成と変わっていきましたが、その過程で多くの生物遺骸を堆積させました。付加体の上の堆積物なので、激しい変形からは免れて、化石を保存させました。特に、成羽町から川上町は、シダ類やソテツなどの裸子植物化石や、エントモノチスと呼ばれる二枚貝の化石産地として有名で、これらの化石は地学の教科書等でも多く紹介されています。

　現在では、成羽層群とペルム紀付加体の間で、大まかではありますが前述したような形成順序が考えられるようになってきました。しかし、日本の近代的な地質学がスタートしたころ、阿哲石灰岩と成羽層群の構造的な関係が大問題となりました。高梁市川上町大賀では、成羽層群の上位に阿哲石灰岩の岩体が乗っているように見える場所があるからです。この構造について当時この場所を研究していた東大の小澤儀明は一九二四年に押し被せ褶曲によるデッケンという現象として説明しました（小澤，一九二四）。この研究からこの露頭は「大賀デッケン」として国指定の天然記念物に指定されましたが、一九八〇年代になって不整合説や、礫説などが出され、その解釈は現在でも議論の的となっています（大藤，一九八五：横田ほか，一九九八など）。

　新見市の大佐山の北の山麓に整然とした砂岩と泥岩からなる地層がごく狭い範囲に分布します(22)。この地層から海棲の軟体動物アンモナイトの化石が発見され、その年代が中生代ジュラ紀であることが明らかになり「山奥層」と名付けられています。地層の変形がほとんど認められないことや地層の様子から、山奥層は、海成の陸棚上の堆積物と考えられています（徳岡，一九八七）。

　中生代白亜紀前期の陸水成堆積物が中国地方から九州北部にかけて点在しています(16)。酸化鉄を多く含む赤い地層が特徴的で、浅い湖や河川等の堆積環境が推定されます。この地層の中には、硯の原石となる砂岩が含まれることがあることから、「硯石層」と名付けられましたが、その分布が山口県から北九州に及ぶことから関門層群の名でも呼ばれています（長谷，一九八七）。高梁市成羽では、三畳系成羽層群を不整合で白亜系関門層群が覆っている露頭があり「枝の不整合」として県指定天然記念物に指定され保護されています。

白亜紀から古第三紀にかけてのマグマ活動（93・109・127・128・129・144・145）

中生代の終わりころになると、古太平洋の海底を構成していた海洋プレートの運動方向はやや西に変化しました。このため、海洋プレートはユーラシアプレートに向かう度合いを高め、ユーラシアプレートの東端にあった海溝付近では、付加体の形成が活発になりました。同時に、沈み込む海洋プレートは水を地下深部にもたらします。海洋プレートに載ったまま深さ一〇〇㎞くらいのマントル領域にまでもたらされた水は、マントルの岩石（固体）を部分的に溶解させてマグマを発生させました。液体となった岩石は密度が小さくなるため、マントル中を上昇し、地殻とマントルの境界や、密度が釣り合う場所で一旦留まり、マグマ溜りを形成しました。マグマ溜りの中ではマグマは冷却されながら重い鉱物が生じます。重い鉱物はマグマ溜りに沈殿しますが、残ったマグマの液体部分は重い元素が取り去られたので相対的に珪酸成分が増加し、やや軽くなるため再び上昇して密度が釣り合う場所で再度マグマ溜りを作ります。マグマ溜りが地表に近づき、マグマ内の揮発成分が放出されるようになると、マグマ溜り内の圧力が急激に上昇して、マグマは地表に放出されるに至ります。マグマが地表に出る場所が火山です。白亜紀の終わりごろには、ユーラシアプレートの東岸地域には、火山が大陸縁辺の海溝に並行してたくさん並んでいました。しかも、この火山は比較的珪酸成分が多いマグマ組成（珪長質マグマ）だったので、たびたび爆発的噴火を起こし、各

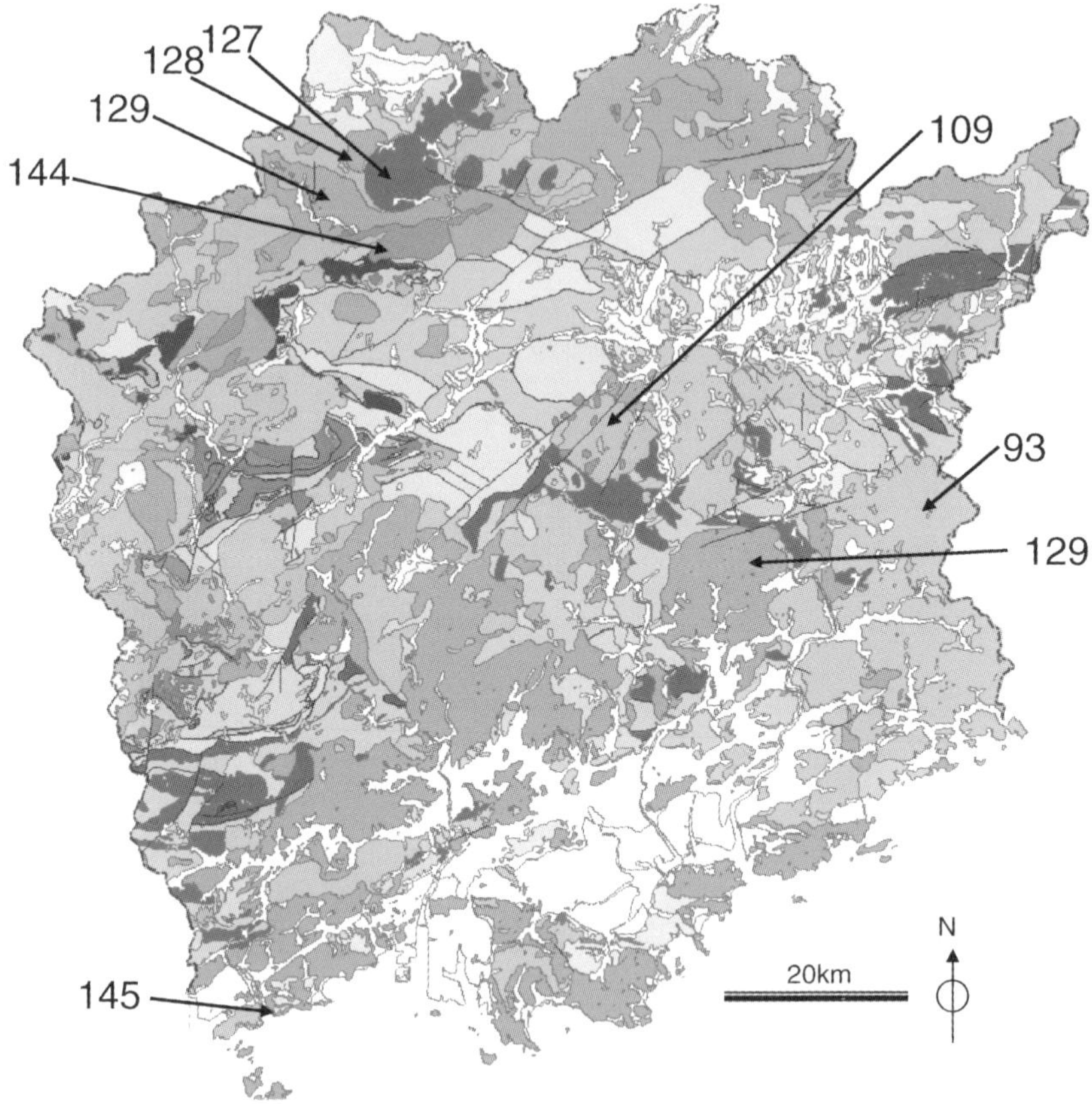

図３　白亜紀から古第三紀にかけてのマグマ活動に関連した地層・岩石

所にカルデラも形成するほどでした（能美，二〇一三）。

爆発によって飛び散った大量の岩屑や溶岩類は流紋岩質の凝灰岩類を形成しました。シームレス地質図では「後期白亜紀（K２）の非アルカリ珪長質火山岩類（図３：93）」として示されています。岡山県内では、備前市周辺や津山市南部の吉備高原地域、新見市周辺に比較的大規模なこの地層の分布が見られます。活動の一部は珪酸成分がやや少ない安山岩質のマグマのこともありました（109）。津山盆地の南部の二上山付近や湯原ダム付近にその分布が認められます。

一方、生産されたマグマのうち、地表に達することなく地下のマグマ溜り内でゆっくりと冷えてそのまま岩石になってしまったものも多く存在します。マグマがゆっくりと冷えると、その中で結晶が比較的大きく成長します。最終的には岩石内がほぼ同じような大きさの肉眼サイズの結晶で埋め尽くされるような組織（等粒状組織）をなし、火山から噴出するタイプの岩石とは明らかに異なった表情を持ちます。このようにしてできた岩石が深成岩で、その中でも珪酸成分が多い岩石が花崗岩です。このように、花崗岩は地下のマグマ溜りが岩石になったものなので、ボリュームが大きく、上部の地層が削剥されることで大規模に地表に露出することがあります。岡山県地方には各所に花崗岩やそれに関連した岩石が広く分布しますが、瀬戸内海、吉備高原南部、中国山地がおもな分布域です。

瀬戸内海の花崗岩のうち、西南端の笠岡諸島の北木島南部や真鍋島に出現する花崗岩は、この地方で見られるものの中では形成年代がやや古く白亜紀の中盤以降のものとされています（横山ほか，一九八七）。岩石の一部が流動変形した組織を示したり、マグマとして貫入した時の母岩を伴っていたりすることがあり、「領家帯花崗岩」という名がつけられています（129）。

瀬戸内海沿岸各地や吉備高原の南部地域に見られる花崗岩類は、領家帯花崗岩よりやや新しい時代（とは言っても同じ白亜紀後期にかけての形成年代ですが）の「山陽帯花崗岩」です（129・145）。

岩石に流動変形の痕跡は弱く、比較的大きなまとまりとして出現します。犬島や前島では大阪城築城の折から石材として採取されたほか、現在でも万成石や北木石、矢掛石などのブランド石材として採掘・利用されています。

中国山地には、主に古第三紀に形成された花崗岩などの深成岩が分布し（127・128・129・144）、「山陰帯花崗岩」と呼ばれています。山陰帯花崗岩は、磁鉄鉱を多く含むことが特徴です。中国山地では、かつて、鉄穴流しによって磁鉄鉱が採集され、たたら製鉄で和鋼が生産されていました。一方、山陽帯の花崗岩はあまり磁鉄鉱を含みません（その代わりにチタン鉄鉱が多い）。これらの違いは、花崗岩マグマが形成される際の地下の環境が影響していると考えられています（Ishihara，一九七七）。

地殻内にマグマが侵入すると、その周りにあった母岩はマグマからの熱で接触変成作用を被ります。その結果、堆積岩はホルンフェルスと呼ばれる硬い石に生まれ変わったり、石灰岩は結晶質石灰岩（大理石）になったりします。岡山県内の古い時代の地層は、多くの場所で接触変成作用を受けているため、岩石の表情がとても分かりにくくなっています。

古第三紀の火山岩（91・107）と堆積岩（11）

約五二〇〇万年前から四〇〇〇万年前の古第三紀中期始新世になると、津山市の北東部で珪酸成分が少ないマグマ（苦鉄質マグマ）が火山を形成しました（図4：107）。マグマはやがて酸性のマグマへと変化しましたが（91）、この火山の痕跡が那岐山の山塊です。現在、火口などの地形は残って

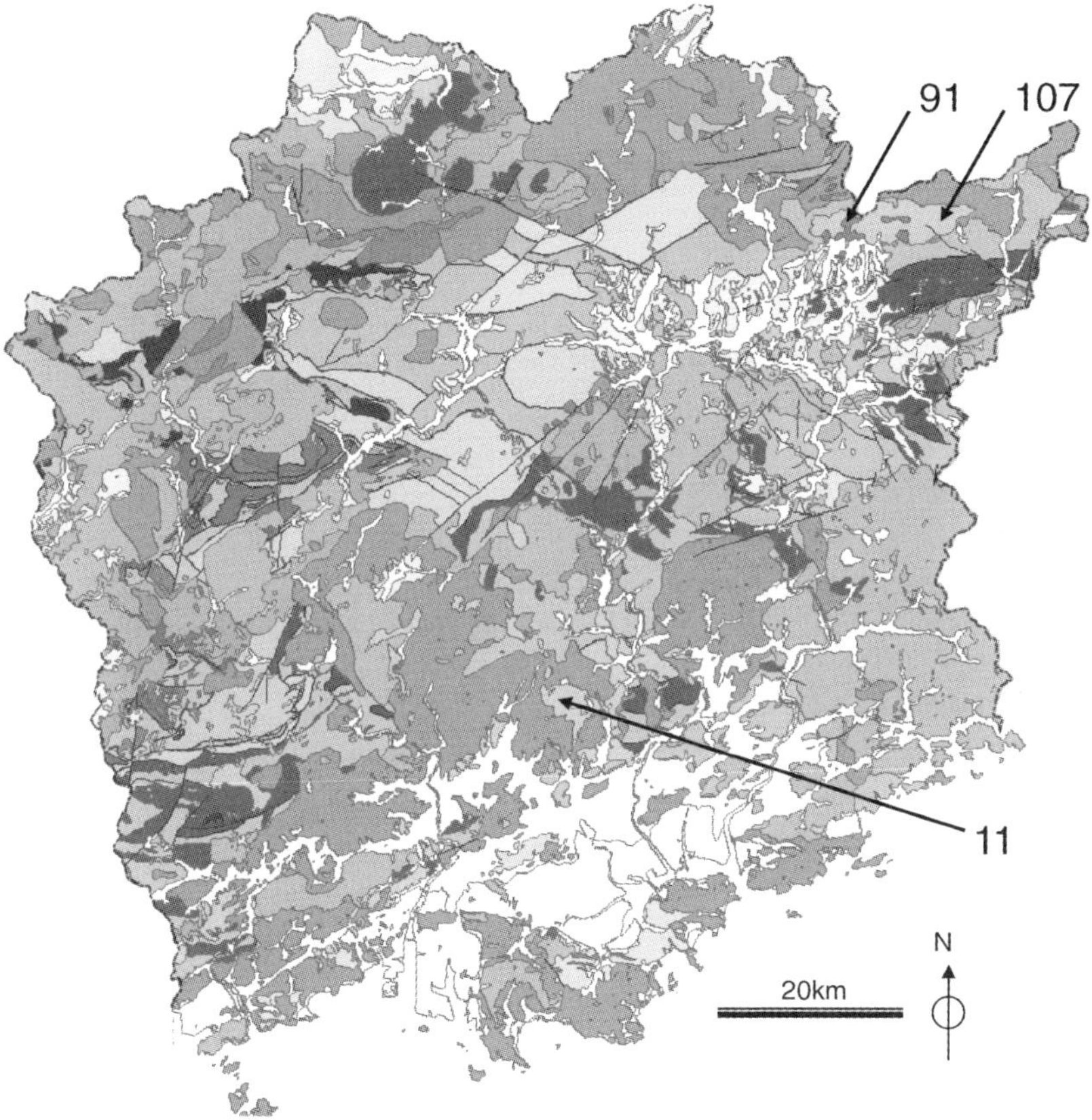

図４　古第三紀の火山岩と堆積岩

いませんが、那岐山山頂の平坦地形は溶岩流のなごりです。

少し時代は新しくなり約四〇〇〇万年前から三二〇〇〇万年前の後期始新世から前期漸新世にかけて、吉備高原地域では河川成の礫質堆積物が積もりました(11)。この地層は、現在、吉備層群と呼ばれていますが、以前は山砂利層と呼ばれ、形成年代は未確定でしたが、おそらく更新世だろうと考えられていました。ところが、吉備層群の礫層の中から火山灰層が見いだされ、年代測定によって古第三紀と求められました（鈴木ほか，二〇〇三）。これは、地質学的にはとても大きな知見の変化です。更新世と考えられていた時は、古旭川？などの吉備高原を流下する河川の堆積物との考え方だったのですが、古第三紀といえば、日本列島がまだユーラシア大陸にひっついていた（日本海形成以前）時代になるので、山砂利層は大陸河川の堆積物ということになります。吉備高原の成り立ちに関して、現在、新しい知見が積み重ねられている最中です。

瀬戸内市牛窓の前島南部や井原市東部地域には、浅海成の地層が分布します。「前島層」、「浪形層」とそれぞれ呼ばれていますが、いずれも、貝殻破片を大量に含んだ石灰質な砂礫層が特徴です。これらの地層もかつては中新世の地層とされていましたが、現在では、古第三系に対比されています（11）（田中ほか，二〇〇三）。

中新世の堆積岩（6・8）

約三〇〇〇万年前頃から、ユーラシア大陸の東縁で大規模な火山活動が始まり、これにともなって、地溝帯が形成され始めました。地溝は徐々に広がり、やがて日本海を形成するに至ります。地溝の拡大は一五〇〇万年前頃に最盛期を迎え、一二〇〇万年前頃に終了しました。この間の二二〇〇万年前から一五〇〇万年前の前期～中期中新世に、現在の津山市付近で沈降が起こり、淡水成から、汽水成・海成にいたる一連の地層が堆積しました（図5：8）（松本，一九九一）。津山盆地の

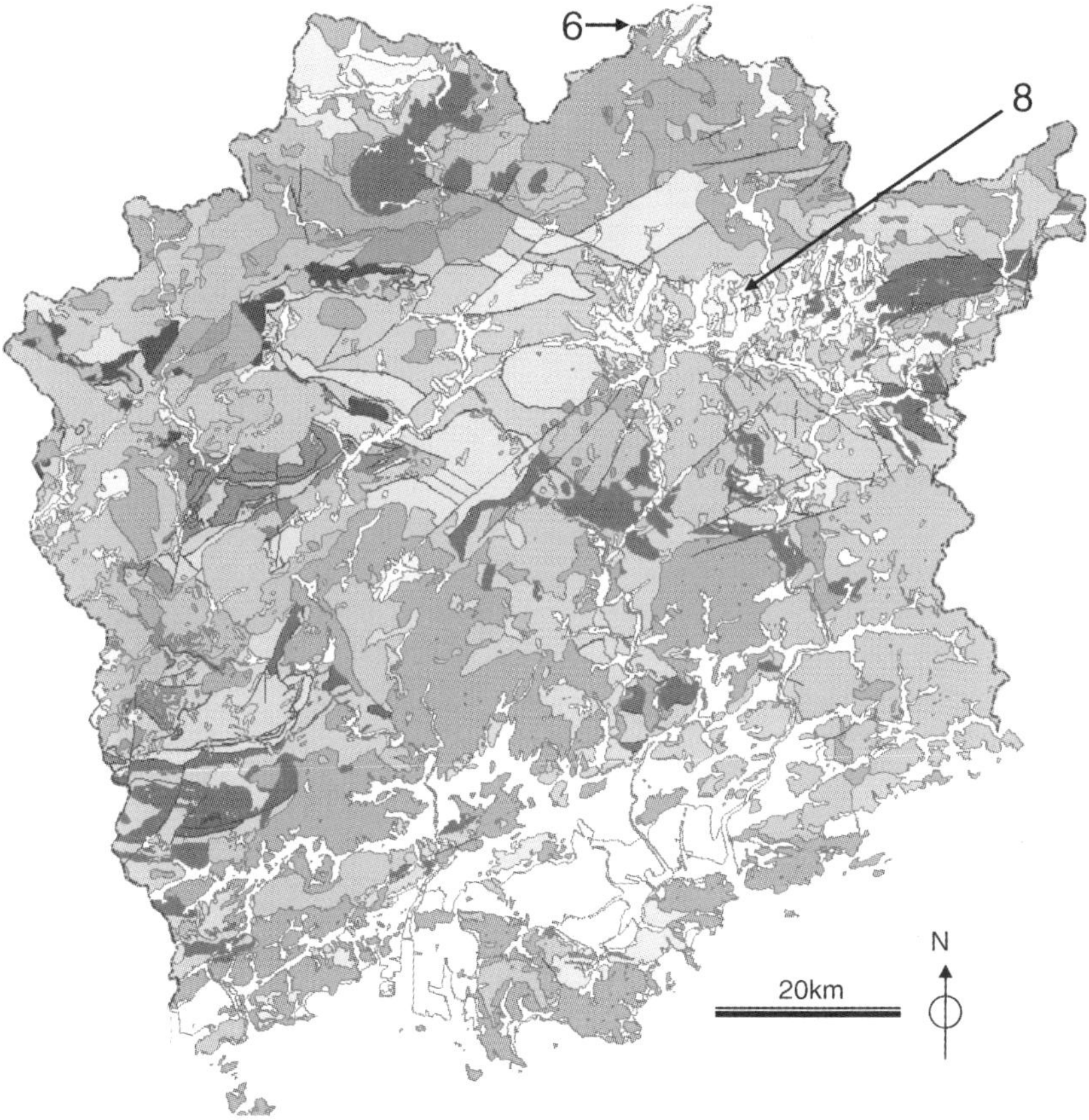

図5　中新世の堆積岩

丘陵地に見られるこの地層は、勝田層群と呼ばれています。同時期に新見市付近から広島県三次市付近にかけての地域でも同様の地殻変動が起こり、堆積層が形成され、こちらは「備北層群」と呼ばれています。中新世は比較的温暖な時期であったと考えられていますが、奈義町の勝田層群植月層からは、亜熱帯の汽水・海浜地域に見られるマングローブ林と、その下に生息していた巻貝であるビカリアの化石を多産します。また、津山市街地の南を流れる吉井川の河床の勝田層群高倉層から、クジラの化石が発見されました。新見市哲西町の備北層群からはサンゴの化石も産しており、この時期の温暖な気候を確認することができます。

約七〇〇万年前の後期中新世から鮮新世にかけて、中国山地脊梁部にあたる鏡野町北部の人形峠付近で湖が形成され、花崗岩基盤上に礫質の堆積物が積もりました（6）。この地層は「人形峠層」と呼ばれています（藤田，一九七二）。人形峠層は、その後に起こった珪長質マグマの火山噴出物によって覆われています。人形峠の礫層や狭在する砂層内には周囲の花崗岩から流入したウランが濃集し、国内有数のウラン鉱床を形成しています（相馬，一九五七）。

中新世から鮮新世の火山活動（102・118・119）

一五〇〇万年前の中期中新世になると、西日本の各地で苦鉄質マグマの活動が盛んになりました。この活動によってマグネシウムを多く含む安山岩や、ザクロ石を含むデイサイト、サヌカイトなどの特徴的な火山岩を産しました。マグマの噴出によって、瀬戸内海沿岸各地に大規模な溶岩台地が形成されました。特に、香川県から瀬戸内海中軸部にかけての地域では、その後の侵食が進んで、メサと呼ばれる小規模な台地地形が残されました。中でも、屋島や五色台、小豆島などは平坦な山頂を持つテーブル状の地形が顕著です。このマグマは、吉備高原地域にも枝分かれして侵入し、吉備高原上に溶岩を流出させました。岡山県に程近い広島県神石高原は、讃岐の台地と同様の成り立ち

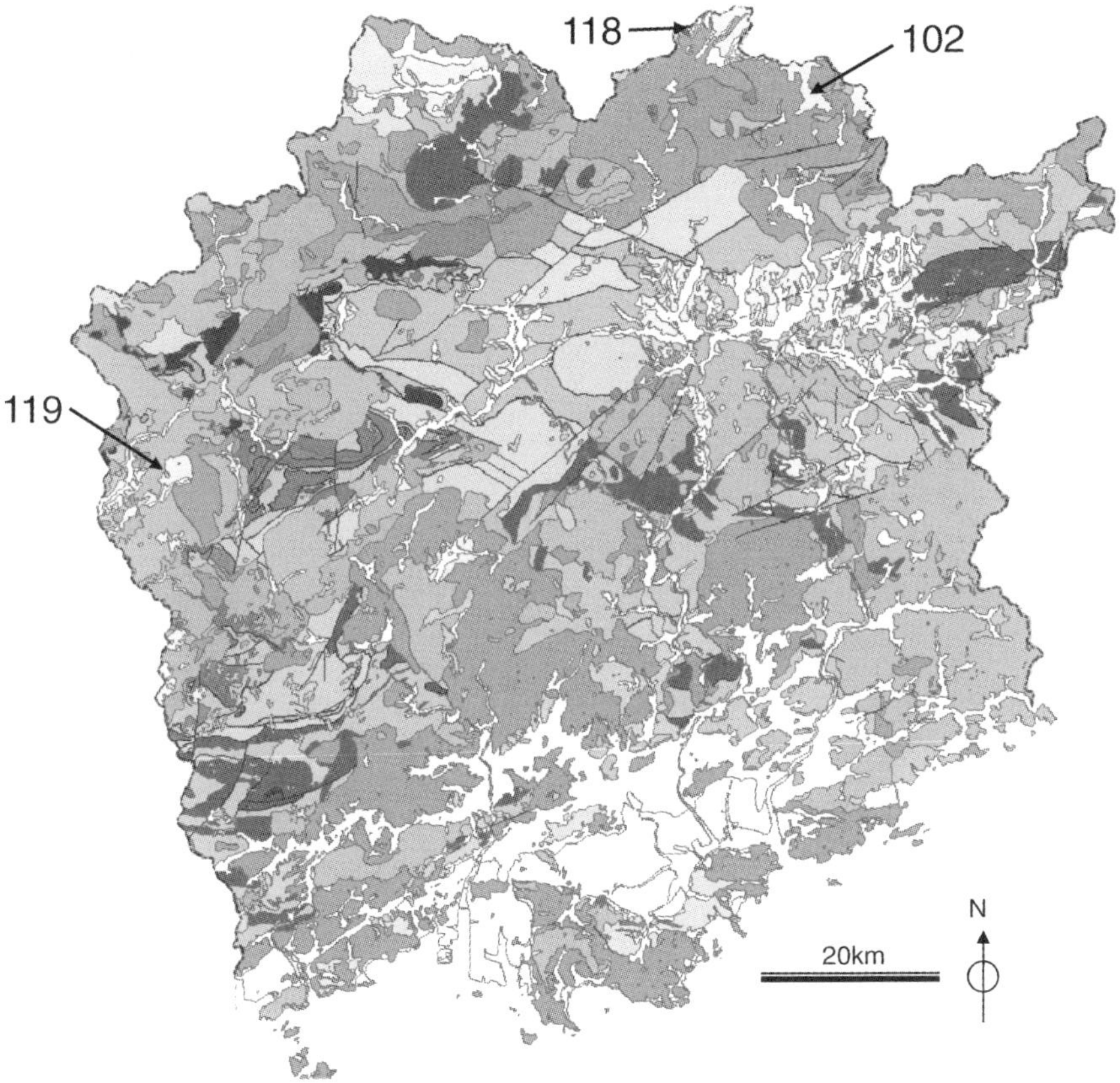

図6　中新世から鮮新世の火山活動

を持った場所ですが、岡山県内では、溶岩流の台地地形は既に侵食され、マグマの地表への通り道であった火道が円錐形の突出した地形として吉備高原の上に残っています。高梁市の弥高山、新見市の荒戸山などがその例です（119）（鷹村，一九七〇）。

中国山地の人形峠層は、約七〇〇〇万年前の鮮新世の珪長質マグマの噴出物に覆われますが、その後、マグマの性質は変化して苦鉄質の火山噴出物がこの地を覆いました（102・118）（藤田，一九七二）。安山岩や玄武岩などからなる噴出物は、鏡野町から津山市阿波にかけての中国山地脊梁部に平坦な地形を残しています。津山市阿波の大ヶ山の山頂の平坦な地形と黒岩高原は、元は苦鉄質の火山噴出物（102）からなる一つの火山性台地でしたが、侵食によって現在は切り離されています。黒岩高原の直下にある布滝の河床には、溶岩が作り出す五・六角形の見事な柱状節理が現れています。

蒜山・大山の火山活動と蒜山盆地（3・96・100）

中国山地は七〇〇万年以降に急激に隆起し、現在の脊梁山地を形成したと考えられています。真庭市北方の中国山地の分水嶺は、第四紀の初めごろは津黒山から西に延びていました。現在の蒜山盆地に相当する場所は、中国山地分水嶺北側だったので、この付近を流れていた河川は日本海へと流れ出ていたと考えられます。約九〇万年前の第四紀中期更新世になると、中国山地の北側で苦鉄岩質マグマの火山活動が起こり（100）、安山岩などの溶岩を流出し、蒜山三座や先大山・古期大山の火山が出現しました。約五〇万年前には大山で大量の火砕物を放出する爆発的火山活動が起こり、溝口凝灰角礫岩層を堆積させました（96）。これによって、日本海に向かっていた分水嶺北側の河川は堰き止められて、天然のダムができました。天然ダム湖の中では珪酸の殻を持つプランクトン（珪藻）が大繁殖し、その死骸はダム湖の底に堆積して厚い珪藻土層を作りました。その後、蒜山の火山活動は終了しましたが、大山やその付近では引き続き火山活動は継続し、蒜山盆地には大山や烏

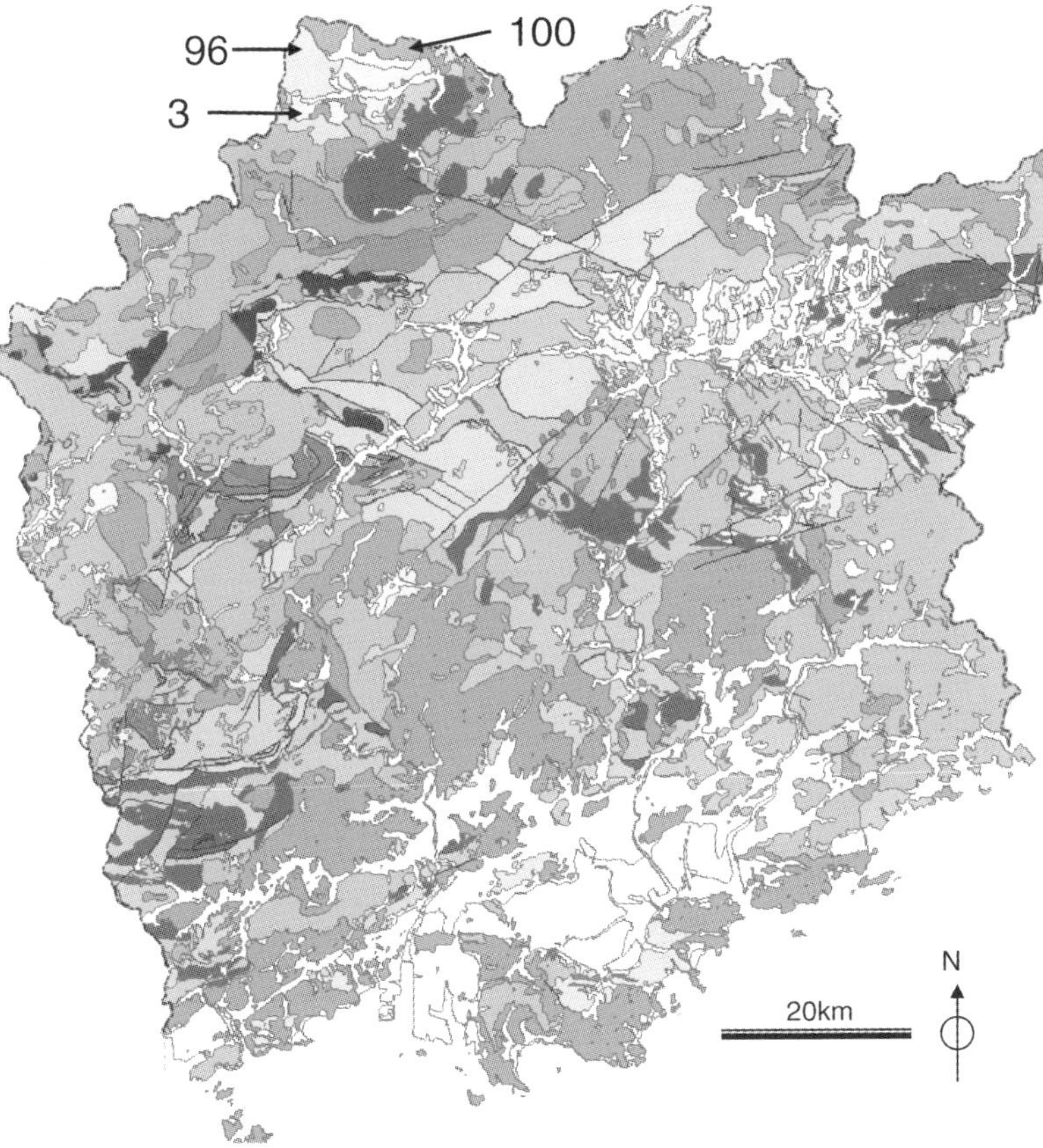

図７　蒜山・大山の火山活動と蒜山盆地

ヶ山由来の火山灰層が降り積もっていきました。これら、蒜山盆地に形成された地層は「蒜山原層」（３）と呼ばれています。蒜山地域に出現した天然のダム湖は、やがて、南東側から越流するようになり、この流れは南流して瀬戸内海に注ぐようになりました。この流れは現在の旭川となっています。活動を終えた蒜山はその後侵食されて、現在は火山としての地形を残していません。侵食・削剥された岩屑は蒜山の天然ダム湖を埋め、中国山地の分水嶺北側に平坦な蒜山盆地を出現させました（西戸，二〇〇五）。

第四紀完新世の堆積物（1・190）

中国山地を源とする岡山の三大河川、吉井川・旭川・高梁川は、中国山地・吉備高原から支流を集め、瀬戸内海に流れ出ます。その過程で流域を構成する地層や岩石を削剥し、その流れは削った土砂を運搬し、吉備高原内の盆地や瀬戸内海沿岸部に土砂を堆積させました。岡山平野の北部や建部などの盆地部には、地質時代で最も新しい時代（完新世：約一万年前）に積もった礫・砂・泥からなる堆積物が分布します。これらの一部は瀬戸内海による海成の地層も含みますが、一括して「沖積層」と呼ぶことがあります。

約六〇〇〇年前の縄文時代は温暖な時期であり、海水面が現在より約二m高かったようです。現在の児島半島と吉備高原の南縁部の間には、「吉備の穴海」と呼ばれる内海があり、児島半島は本土とは切り離された島でした。縄文時代の温暖期が過ぎ、徐々に海面は現在のレベルまで低下するのと同時に、三大河川が運んだ土砂が吉備高原からの出口付近に堆積し、三角州性扇状地を広げて平野を形成していきました（1）（能美，二〇〇七）。

遠浅になった吉備の穴海は、奈良時代以降小規模な干拓が行われて陸地部分が少しずつ拡大しましたが、江戸時代になると大規模な干拓がなされ、吉備の穴海は一気に縮小し、島だった児島は陸続きの半島になり、吉備の穴海は児島湾になりました。干拓はその後も続き、現在の岡山平野南側

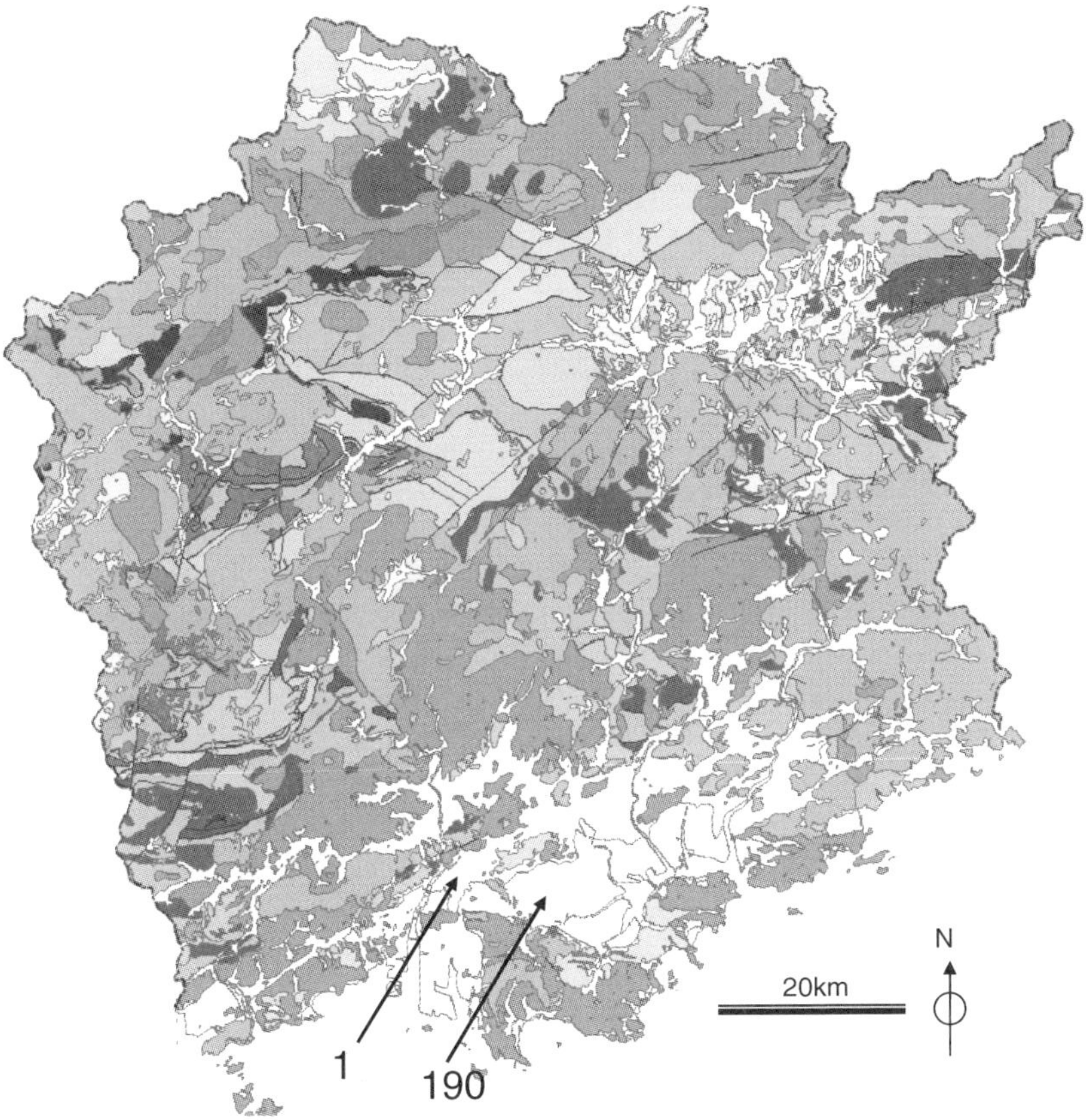

図８　第四紀完新世の堆積物

の大部分は、シームレス地質図では、「完新世の人工改変地」（190）として表現されています。

複雑な岡山の地質

シームレス地質図を元に岡山の地質の成り立ちを概観してきましたが、さらに乱暴に岡山の地質の成り立ちをまとめると、

① 古生代の終わりころの石灰岩ブロックを含む付加体が基盤を形成している。付加体なので、岩石や地層は細断され連続性は良くない。

さらに、地下深部まで押し込まれた付加体堆積物は高圧変成岩になっている。
②　中生代には付加体の上に堆積盆が形成され、化石を含む層を作った。
③　中生代の白亜紀の終わりごろから古第三紀にかけて、特に珪長質のマグマ活動が活発になり、①②の地層を貫いて地表にマグマが噴出し、カルデラを作りながら大量の流紋岩質の凝灰岩を堆積させた。
④　一方、地下ではマグマがゆっくりと冷えて花崗岩類を形成していった。
⑤　古第三紀には大陸性河川の堆積物が吉備高原を覆い、南部では浅い海に貝殻片を大量に含む堆積物が積もった。
⑥　新第三紀になると、日本海の拡大に伴って形成された堆積盆に淡水成~海成の堆積物が積もった。また、火山活動が活発になり、吉備高原や中国山地部ではマグマの噴出・火砕岩の堆積が起こった。
⑦　約七〇〇万年以降に中国山地の隆起が本格化した。約一〇〇万年前には中国山地脊梁部の北側で火山活動が始まり、大山・蒜山が形成され、蒜山盆地が出現した。
⑧　第四紀完新世には、吉備の穴海に土砂が流れ込んで平野が形成された。江戸時代には、干拓によって広い岡山平野が出現し、児島は半島に、吉備の穴海は児島湾になった。
⑨　上記の地質は、河川等の侵食・削剥によって分布が分断され、小規模な露出となっている。
このように、シームレス地質図を見ると、古生代から現在まで続く地学的な営みの中で常に地表

が変化し続けた結果、現地表面に複雑な地質の模様が描かれていると読み取れます。

謝辞

シームレス地質図の利用と本稿作成にあたり、開発の中心メンバーの一人である（独）産業技術総合研究所地質調査総合センターの西岡芳晴様にご教示を得ました。また、日ごろの研究・教育で、シームレス地質図にたいへんお世話になっておりますことを、この場を借りてお礼申し上げます。

文献

大藤 茂（一九八五）岡山県大賀地域の非変成古生層と上部三畳系成羽層群の間の不整合の発見．地質学雑誌，91，pp.779-786．

藤田 崇（一九七二）人形峠近傍の三朝層群の火山層序―三朝層群の研究，その1―．地質学雑誌，78，1，pp.13-28．

原田達也・早坂康隆・木村光佑（二〇一五）岡山県北部におけるカンブリア紀後期を示す花崗岩マイロナイトの発見．日本地質学会第122学術大会講演要旨，p.238．

長谷 晃（一九八七）（3）白亜系．日本の地質「中国地方」編集委員会編，pp.47-49，共立出版．

Ishihara Shunso（一九七七）The magnetite-series and ilmenite-series granitic rocks．鉱山地質，27，145，pp.293-305．

松本俊雄（一九九一）砕屑岩類の起源から見た鳥取―津山地域の前期中新世末～中期中新世古地理．地質学雑誌，97，10，pp.817-833．

三宅啓司（一九八五）岡山県勝山地域の二畳紀オリストストローム．地質学雑誌，91，7，pp.463-475，日本地質学会．

宮本隆美（一九八七）2．岡山県西部―成羽層群．日本の地質「中国地方」編集委員会編，pp.42-43，共立出版．

武蔵野 実（二〇〇五）1.1舞鶴帯・超丹波帯・丹波帯．日本の地質増補版，日本の地質増補委員会編，pp.201-203，共立出版．

西戸裕嗣（二〇〇五）蒜山の地誌 ―蒜山高原の成り立ちを探る―．シリーズ「岡山学」3旭川を科学するPart1，岡山理科大学「岡山学」研究会，pp.65-80．

能美洋介（二〇一〇）阿哲石灰岩地域の地形と鍾乳洞．シリーズ「岡山学」8高梁川を科学するPart1，岡山理科大学「岡山学」研究会，pp.42-57．

能美洋介（二〇〇七）岡山平野の地形 ―高島地域を中心に―．シリーズ「岡山学」5旭川を科学するPart3，岡山理科大学「岡山学」研究会，pp.8-20．

能美洋介（二〇〇六）神庭の滝とその周辺の岩石．シリーズ「岡山学」4旭川を科学するPart2，岡山理科大学「岡山学」研究会，pp.26-39．

能美洋介（二〇一三）牛窓・前島の花崗岩類．シリーズ「岡山学」11瀬戸内海を科学するPart1，岡山理科大学「岡山学」研究会，pp.24-47．

小澤儀明（一九二四）中生代末の大押し被せ．地質学雑誌，31，pp.318-319．

産業技術総合研究所地質調査総合センター（編）（二〇一五）二〇万分の一日本シームレス地質図二〇一五年五月二九日版．産業技術総合研究所地質調査総合センター．https://gbank.gsj.jp/seamless/index.html

相馬徳蔵（一九五七）鳥取・岡山県境人形峠産のリンカイウラン石．鉱物学雑誌，3，3，pp.214-217．

鈴木茂之・檀原 徹・田中 元（二〇〇三）吉備高原に分布する第三系のフィッション・トラック年代．地学雑誌，112，1，pp.35-49．

鷹村 権（一九七〇）吉備高原の新生代玄武岩類の岩石学的研究．岩石鉱物鉱床学会誌，64，1，pp.13-25．

竹村静雄・菅森義晃・鈴木茂之（二〇〇九）岡山県東部周辺の舞鶴帯と超丹波帯．地質学雑誌，115，pp.123-137．

田中元・鈴木茂之・宝谷 周・山本裕雄・檀原 徹（二〇〇三）吉備高原周辺の古第三系に関する最近の知見とその古地理学的意義．岡山大学地球科学研究報告，10，1，pp.15-22．

徳岡隆夫（一九八七）3．岡山県西部山奥層．日本の地質「中国地方」編集委員会編，pp.46-47，共立出版．

横田修一郎・松村聡明・島内 健（一九九八）岡山県川上町における成羽層群とそれを覆う石灰岩体の構造関係．島根大学地球資源環境学研究報告，17，pp.31-47．

横山俊治・清水康生・横山義人・濡木輝一（一九八七）3．2領家花崗岩類．日本の地質「中国地方」編集委員会編，

pp.65-67，共立出版.

岡山市の植生

一．はじめに

　現在、多くの国々で生物の多様性を維持するための取り組みが行われている。日本の環境省は、国際的な取り決めである生物多様性条約に基づき、生物多様性国家戦略を一九九五年に策定した。これは、生物多様性の保全及び持続可能な利用に関する国の基本的な計画である（環境省、一九九五）。その後二〇〇八年には生物多様性基本法が制定され、岡山県では基本法に基づく地域戦略として二〇一三年に「自然との共生おかやま戦略」が策定された（岡山県、二〇一三）。今後は市町村レベルでの生物多様性に関する戦略策定が課題となるだろう。こうした生物多様性戦略の立案には、地域自然環境の基礎的なデータが必須である。岡山市では、生物環境を把握するための基礎データとして一九八〇年代に市内全域の植生図が作成された（環境庁、一九八二・一九八八）。その後、植生の自然遷移や伐採、開発などによる植生の変化を踏まえて、二〇〇〇年代に更新作業が行われている（環境省、二〇〇一・二〇〇四）。

　自然環境の解析には現地調査が何よりも重要であるが、すでに整備・発表されている情報を用いて、できる限りの評価を行うことも大切であろう。また、岡山市民にとって身近な場所を評価対象とすれば、評価が感覚的にも分かり易いであろう。本章では、操山と龍ノ口山を取り上げ、現存植

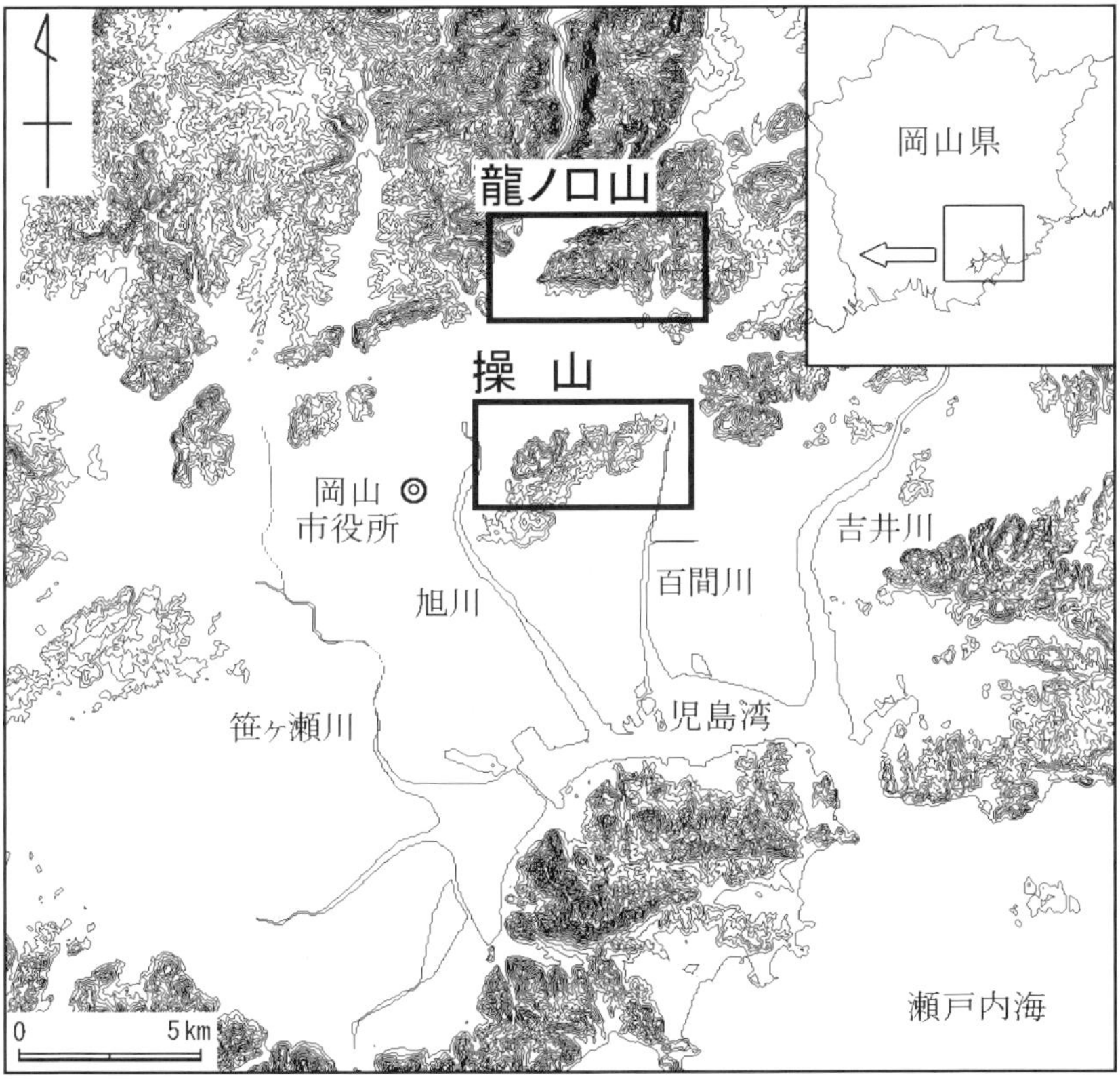

図１　操山と龍ノ口山の位置

生と過去数十年の植生変化について解析した結果を紹介する。「植生データからみる操山・龍ノ口山」は、どの様な存在として我々の眼に映るのだろうか。

瀬戸内地方の植生は、岩石の種類すなわち地質によって異なる（太田ほか、二〇一〇）。今回は広大な岡山市域の中から、岡山市の代表的な植生の見られる山域である操山（岡山市街地の東側にある地域）と龍ノ口山（岡山市街地の北東にある地域）を対象とする（図１）。操山は花崗岩の地域を解析の対象とした。龍ノ口山は堆積岩や流紋岩、わずかな花崗岩などから成っているが、最も広い面積を占めている堆積岩（砂質岩、スレート・砂質岩互層など）の地域を解析の対象とした（岡山県地質図作成プロジェクトチーム、二〇〇九）。

操山は、岡山平野のほぼ中央にあり、岡山市民に最も親しまれている山の一つである。市内の東部に住む人々は、この山を中心にして「躁南」とか「旭躁」などと位置を表している。

龍ノ口山は、旭川と百間川の左岸に広がる旭東平野の北に位置する山塊である。かつて林業試験場があり、その跡地が「龍ノ口グリーンシャワー公園」となっていたが、現在は「龍ノ口グリーンシャワーの森」と名を変えている。この公園を起点に登山をしたり、ホタルを観察したりした経験のある人も多くいることだろう。

二．植生図の利用・作成と解析

現在の植生については、二〇〇四年に作成された植生図（環境省、二〇〇四）があるので、これを利用した。既存の植生図で最も古いものとしては、一九八二年に作成された植生図（環境庁、一九八二・一九八八）があるので、これも利用した。一九八二年より前の植生図は存在しないため自作した。植生図の作成には国土地理院の空中写真閲覧サービスを利用し、一九四七年に操山と龍ノ口山を撮影した航空写真を利用した。これは、操山と龍ノ口山を撮影したもっとも古いものである。この航空写真を立体視し、一九九八年や一九七〇年に撮影された航空写真と比較しながら、一九四七年の植生図を作成した。これにより、数十年ごとの植生変化を見ることができる。

植生図の解析のため、両地域に南北三km×東西六kmの調査範囲を設定し、基盤情報としての地形図の上に各年代の植生図を貼り付けた。なお、龍ノ口山は複数の種類の地質が含まれているため、堆積岩の範囲のみを抜き出して解析に使用している。植生図に用いた植物群落と土地利用の一覧は表1の通りである。

三. 操山の植生の概要

(1) 一九四七年の操山

まず、第二次世界大戦が終わって間もない一九四七年の植生図を見てみよう(図2)。操山の解析結果は、図2右上に

表1　植生図に用いた植物群落と土地利用形態の概要

植生図の凡例	概要
禿げ山	土地が荒廃し、無植生となった山。
アカマツ低木林	アカマツの低木が優占し、ススキ等が疎らに生える林。航空写真で地表面が見える。
アカマツ中木林	アカマツの中木が優占し、ツツジ類、コシダ等が密生する林。樹高は約6m未満。航空写真で地表面が見えない。
アカマツ高木林	アカマツの高木やネズミサシ、ネジキ等が優占する常緑針葉樹林。樹高は約6m以上。
落葉樹低木林	アカメガシワやエノキ、クサギ等の落葉低木が優占する広葉樹林。
落葉樹高木林	コナラやアベマキの高木が優占する広葉樹林。
常緑広葉樹林	クスノキやアラカシの高木が優占する広葉樹林。
スギ・ヒノキ植林	スギやヒノキの植林地。
ススキ草原	ススキなどの草本が優占する草原。
伐採跡地	森林の樹木が伐採された跡の土地。
竹林	マダケやモウソウチクが植栽された林。
果樹園	果樹を栽培している農園。
畑地	農作物を栽培している畑。
水田	水を引いてイネを栽培している耕地。
市街地	家屋や造成地など
開放水面	ため池や河川。

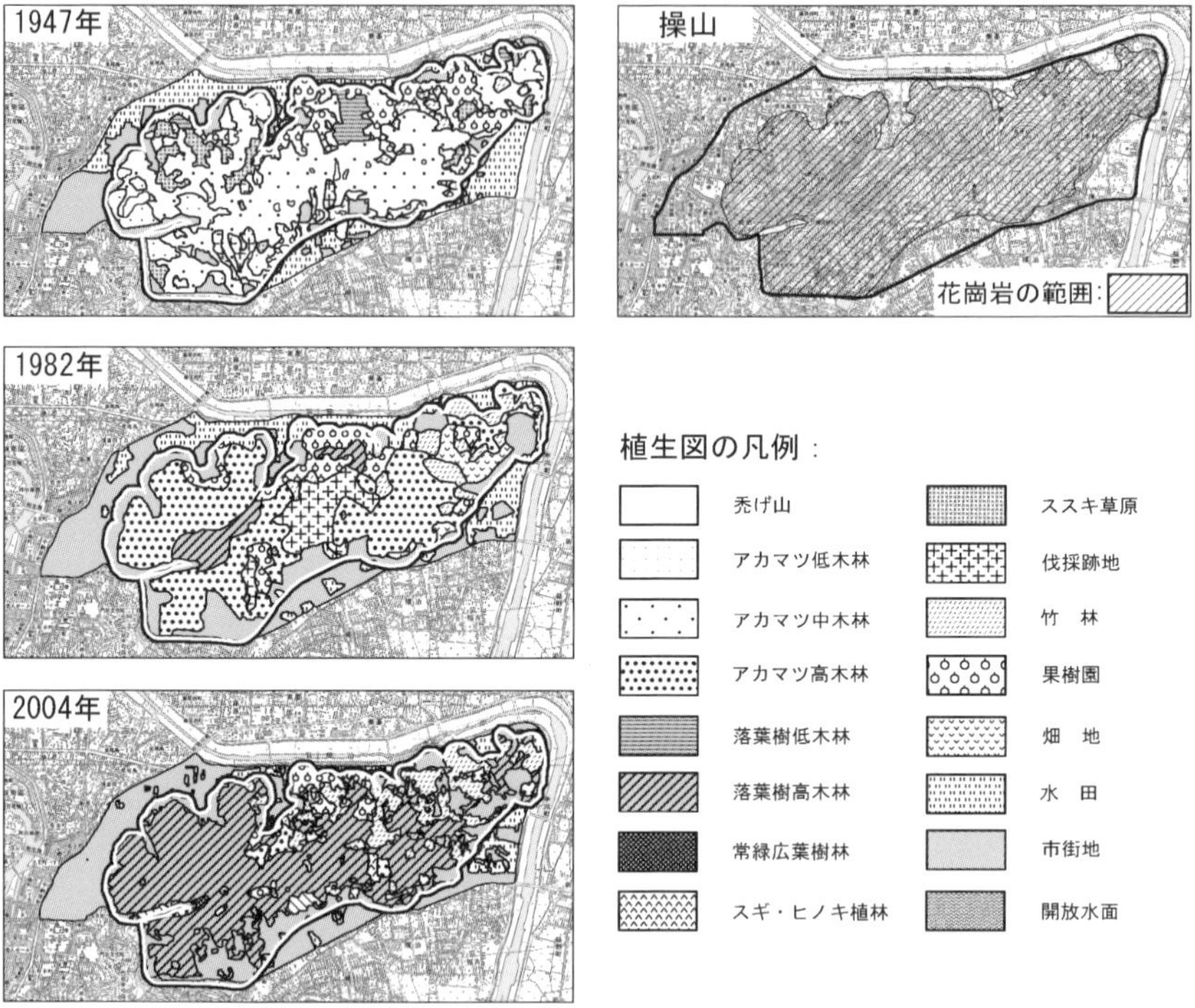

図２　操山の植生の変遷
右上の図に花崗岩の範囲を斜線で示した
左側の3つの植生図に、花崗岩の地域を白と黒の線の範囲で示した

示した花崗岩の範囲の解析結果である。

　操山の周囲には、旭東の平野と倉田新田や沖新田などの干拓地が広がり、辺り一帯は水田である。操山の周囲の集落は、水田のある平野よりも高い所に分布している。これは洪水時の浸水を避けるためであろう。集落の周囲から山地の斜面下～中部には、畑地と果樹園が広く分布している。沢田の集落は現在でも柿の産地として知られているが、この頃からこの地域では果樹の栽培が盛んだったようである。

　操山の斜面中部から山頂にか

けては、樹高六m程度のアカマツが優占するアカマツ中木林が分布している。航空写真では林の地表面は見えないので、禿げ山の様な状態ではないことがわかるが、樹高はさして高くはない。中程度に発達したアカマツ林だと評価することができる。それ以外の部分に目を転じてみると、アカマツ中木林以外には森林らしいものがほとんど見られず、落葉樹低木林や伐採跡地が所々に見られるのみである。

（2）一九八二年の操山

平野部、特に西側地域において水田が市街地に変わっており、岡山市中心部から都市化の波が迫っていることが見て取れる。一方、果樹園は健在である。大量消費地に近いこともあって、果樹が盛んに生産されていたと思われる。山地には、アカマツ高木林が最も広く分布し、コナラ群落も少なからず見られる。航空写真を見ると、アカマツ高木林は樹木の疎らな部分と密な部分が混在している。

東部を見ると、一九四七年にはほんのわずかしかなかった竹林の増加が目立っている。かつて果樹園であった場所が竹林に変わっている場合が多かった。

（3）二〇〇四年の操山

現代の操山の平野部は市街地化が進み、水田はごくわずかになっている。山の裾野も開発され、畑地であった場所も住宅街などに変貌している。

山地は、ほぼ全域をコナラ群落が覆っている。一九八二年に最も多かったアカマツ群落は大幅に減少している。航空写真からは、山の中に放置された果樹園が散見される。これらの放置果樹園は雑草や雑木に覆われ、藪に返りつつある。東部では竹林の拡大がさらに進んでおり、竹に飲み込まれてしまった果樹園もある。

四．龍ノ口山の植生の概要

（1）一九四七年の龍ノ口山

続いて、龍ノ口山の各年代の植生を堆積岩の範囲を中心に見ていこう（図3）。なお、以降の龍ノ口山の結果は、特に地質を指定していない場合は、図3右上に示した堆積岩の範囲の解析結果である。一九四七年の航空写真を見ると、樹木が小さく疎らであることに驚かされる。尾根筋を中心に無植生の禿げた場所が広がり、その周りを背の低いアカマツが疎らにはえるアカマツ低木林が取り囲んでいる。斜面部の残りは樹高六m程度のアカマツが優占するアカマツ中木林である。この頃の龍ノ口山は、一面の松林からなる山だったのである。

（2）一九八二年の龍ノ口山

この時代の龍ノ口山を見ると、一九四七年から三五年の時を経て植生が大きく変化したことがわ

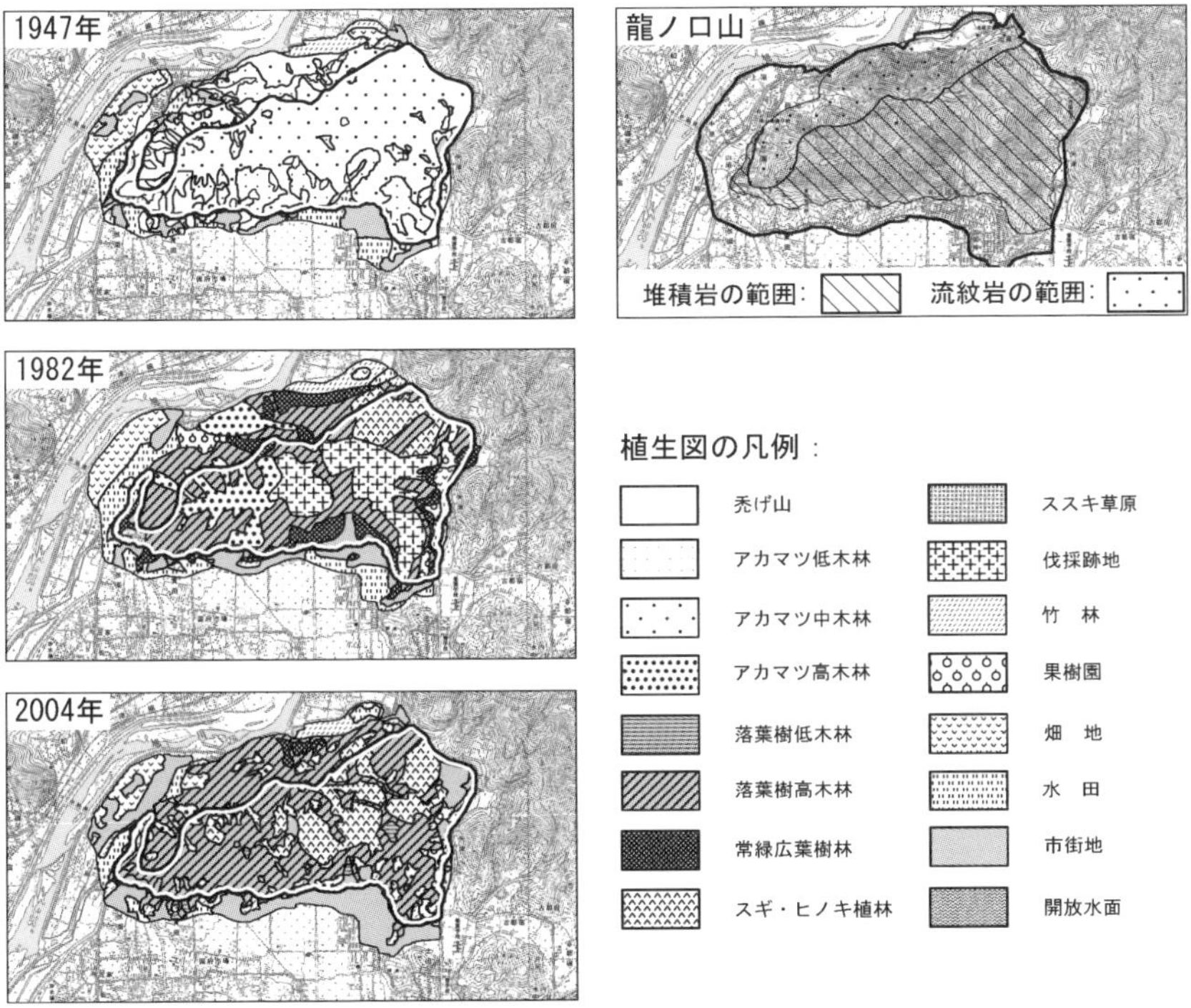

図３　龍ノ口山の植生の変遷
右上の図に堆積岩を斜線、流紋岩を黒点で示した
左側の3つの植生図に、堆積岩の地域を白と黒の線の範囲で示した

かる。山地の全面を覆っていたアカマツ低木林は大きく縮小し、アカマツ高木林が流紋岩地域である主峰の山頂・尾根部を中心に分布している。斜面部は全面がコナラ群落へと変貌している。

伐採跡地は操山よりも広い。松枯れ後の林地回復によって、麓にかなりの面積のスギ・ヒノキの植林地が誕生しているところをみると、造林地としての選択がなされたと考えられる。松枯れ病が流行した時期には、植生を回復するためスギやヒノキの苗木が配られたこともあった。

龍ノ口山には林業試験場があった背景もあり、積極的に松枯れ後の植生回復が行われてスギ・ヒノキ植林が増加した可能性がある。

（3）二〇〇四年の龍ノ口山

現代の龍ノ口山の植生を見ると、ほんの五〇年ほど前まで全面を覆っていたアカマツ群落は、流紋岩地域の尾根筋などの険しい地形の場所にわずかに残るのみである。山地の斜面部はコナラ群落であり、コナラやアベマキが優占する落葉広葉樹林が広がっている。現在の龍ノ口山を散策するときに見る風景の多くは、このコナラ群落である。一九八二年の伐採跡地はスギ・ヒノキの植林になっている。

五．植生変化の検討

ここで植生遷移の話を少ししておく。既に何度も使ってきた言葉であるが、「植生」とは或る場所に生育する植物集団の構成種（とその量）のことである。植生遷移とは、その植生が時を経るに従い変化すること、即ち生育する植物の種類、量が変わっていくことである。たとえば、火山噴火による溶岩流などで無植生の土地が形成されると、その土地には先ず地衣類やコケなどが入り込み、次第に草原から森林へと変化していく。これが一次遷移である。

それに対して、すでに存在していた植生が破壊された後、それが回復していく過程を二次遷移と呼ぶ。たとえば、山火事で失われた森林がその後次第に元の姿に再生していく過程は二次遷移であ

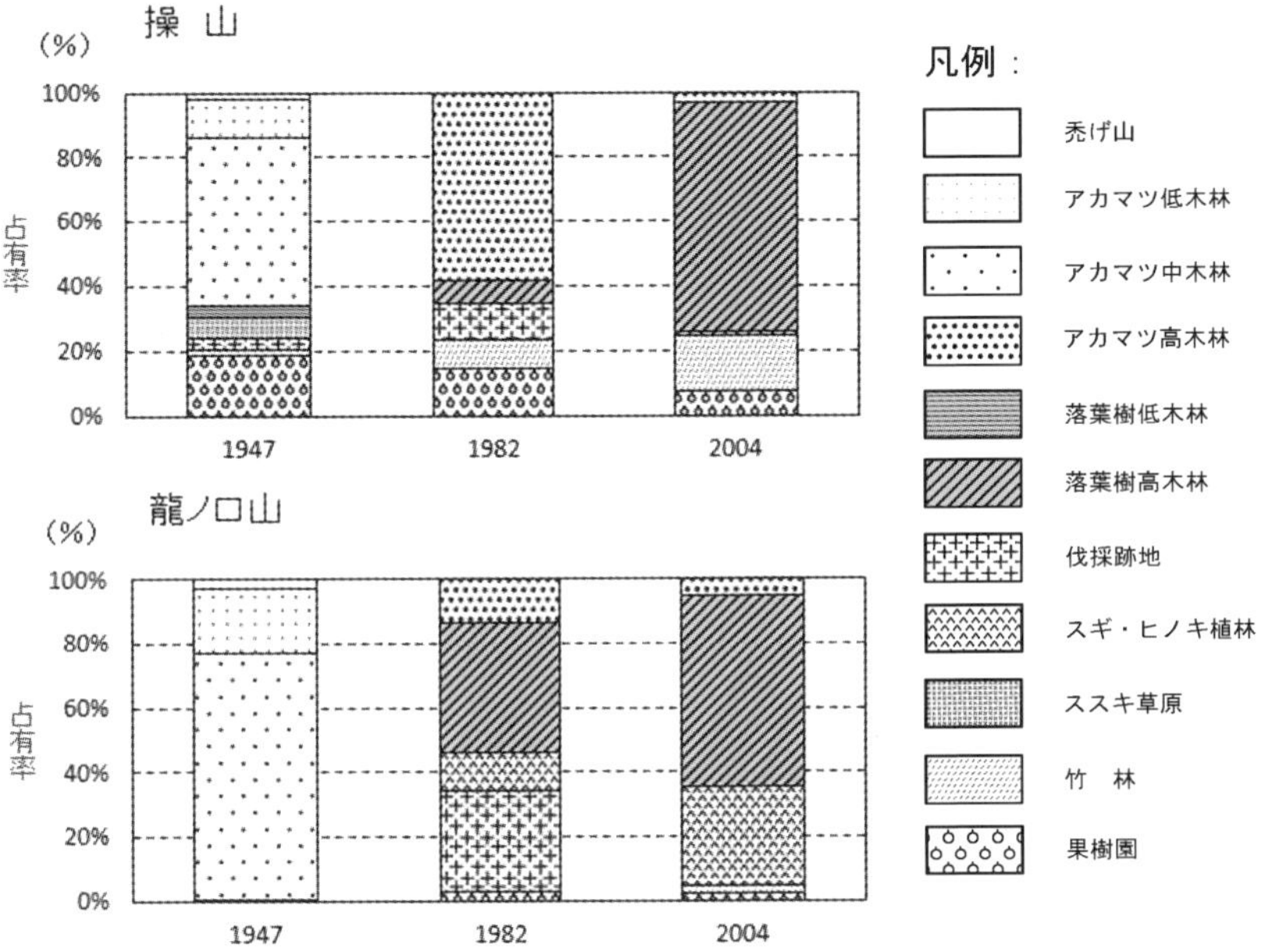

図４　主要植物群落の占有率の時代変化（1947年、1982年、2004年）

る。ところで、アカマツ林やコナラ林で定期的に薪を採取するような場合は、伐採後の切り株から萌芽再生したり、種から新しく植物が芽生えたりするが、ある程度まで育つと再び伐採される。このような場合は、伐採という行為により二次遷移の進行が止められているわけである。極端な場合には、過度の伐採の繰り返しにより森林が荒廃して禿げ山になってしまう。これは植生の発達とは逆向きの変化であり、退行遷移と呼ばれる。

それでは岡山市を代表する身近な二つの山、操山と龍ノ口山の五七年にわたる植生の変遷を、主にアカマツ林に注目して検討してみよう。そのために各時代の主要な森林植生と土地利用の面積を求め、その割合を計算してまとめてみた（図4）。市街地や耕作地などについては集計から除いてある。龍ノ口山については、図3に示した堆積岩の範囲の植生を抜き出して集計した結果である。

（1）操山の五七年

一九四七年に最も多かったアカマツ中木林は、一九八二年には高木林になっているが、二〇〇四年になるとアカマツ林はほとんど消滅している（図4上）。これは松枯れ病の影響だと考えられる。松枯れ病はマツノザイセンチュウという線虫に罹患したアカマツなどが枯死してしまう病気であり、マツノマダラカミキリが線虫を媒介して伝染する。マツノザイセンチュウは、第二次世界大戦後に進駐軍が持ち込んだ木材に紛れていたと考えられている。侵入した当初は、感染した松を伐採して処分することによって被害は抑えられていたが、一九七〇年ごろから全国に爆発的に広がった。岡山県南部においては、一九六七年から劇的に被害が拡大していた。

一九四七年、一九八二年の操山の斜面には果樹園などがかなり見られることから、山の斜面部でも盛んな土地利用が行われていたことが伺われる。また、面積はわずかだがススキ草原が分布している。ここで改めて植生図（図2）を見てみると、一九四七年における果樹園などの土地利用は操山の北側の斜面に多く、アカマツ中木林は南側の斜面に多いことがわかる。南向き斜面は強い日射による乾燥と高温により、特に夏季の少雨期には土壌の乾燥が激しいと考えられる。そのため、南側斜面は山林の利用形態としては薪炭林とならざるをえないためアカマツ中木林が分布しており、乾燥の度合いが穏やかな北側斜面に果樹園などが選択的に拓かれたのではないだろうか。しかし、二〇〇四年には果樹園の面積は一九四七年の約半分になっており、果樹園の多くが竹林に変貌していた。西日本の各地で竹林の拡大が問題となっているが、操山においても放棄果樹園に竹林が侵入拡大している傾向がある。今後の注意を要するところである。

（2）龍ノ口山の五七年

一九四七年の龍ノ口山の堆積岩の範囲は松の木の生い茂る山であった（図4下）。この頃、一般家庭では薪を燃料として普通に使用していた。一九六〇年代にプロパンガスが普及するまで、薪は重要な燃料であり、その供給源は山に生える木々であった。人々は、日々の暮らしのエネルギーを賄うため、山野や河原に生える樹木を伐採し利用していた。アカマツは伐採を繰り返すような場所を好む先駆的な樹木であるため、主な山木として存在していたのである。瀬戸内地方では、一五〇〇年ほど前の古墳時代後期から人口が増えはじめ、人間の活動が植生に大きな影響を与えるようになった。この頃から森林の伐採が定期的に行われ、アカマツ林が増加していったと考えられている。

しかし、龍ノ口山のアカマツ林は一九八二年には大幅に減少していた。松枯れ病に罹患するアカマツの割合が高かったためか、減少率は操山に比べるとはるかに高く、短期間にアカマツが消え落葉樹高木林へと変化している。

一方で龍ノ口山においては、堆積岩の地域が南向き斜面を中心に分布し、北向き斜面は流紋岩が分布している。そのため、堆積岩地域としての北向き斜面のデータが不足しているため南北の違いを比較することは難しい。そのため、龍ノ口山の解析結果は南側の斜面が中心であり、前述のように日照量の多さにより乾燥しやすい立地の解析結果である。堆積岩地域における南北斜面の植生や土地利用の違いは今後の課題としたい。

六．消えた操山のアカマツ林

香川県小豆島における植生の分布を地質別に比較した研究によると、花崗岩地域にはアカマツ群落が多く分布する傾向があった（太田ほか、二〇一〇）。今回の調査地近くにある児島半島においても、花崗岩からなる八丈岩山はアカマツ林の山であった（太田ほか、二〇一四）。しかし、操山は花崗岩地域であるにもかかわらずコナラ群落が多くなっており、瀬戸内地方の一般的な植生傾向と異なっている（図2）。これは、植物生態学の立場から見て興味深い現象である。なぜ現在の操山ではアカマツ林が消えてしまったのだろうか。

ここで、瀬戸内の花崗岩地域にアカマツ林が多い理由を考えてみよう。花崗岩は、マグマが地中の深いところでゆっくり冷えて固まってできた深成岩であり、鉱物の結晶が大きく成長しているのが特徴である（青木、一九七〇）。花崗岩は深層風化と呼ばれる特異な風化形態を取ることが知られており、風化すると厚い層を形成する（松倉、二〇〇八）。これには、鉱物の特性が大きく関わっているらしい。花崗岩を構成する黒雲母や長石は、雨水の作用で風化すると最終的には粘土鉱物に変化するが、石英は風化しにくいため砂状の粒子として残存する。このような石英砂に富む花崗岩の風化土は真砂土（マサ）と呼ばれる。真砂土は透水性が高いため、雨水が地表面から地中深くに失われてしまう。真砂土から成る土壌は空隙が多く、空気や水分を多く含んでいるため、基本的には植物の生育に適している。しかし、温暖乾燥な瀬戸内地域においては、真砂土のこの性質が裏目となる（波田ほか、一九九四）。間隙が多いために乾燥しやすく、水分を多く必要とするシイ・カシなどの常緑広葉樹やコナラ・アベマキなどの落葉広葉樹の生育には適しておらず、乾燥に強いアカマツやネズミサシなどの常緑針葉樹の生育に適している。瀬戸内地方の花崗岩地域にアカマツ林が多いのはそのためである。

話を操山に戻す。操山のアカマツ林は一九八二年頃まで山地斜面の多くを占めていたが、二〇〇四年にはほとんど見られなくなった。二〇年程の短期間にアカマツ林が消失した理由は何だったのだろうか。仮説の一つとして、一九四七年より前に操山の斜面で耕作が行われていた可能性を取り上げてみたい。

七．操山では「耕して天に至って」いたか

近世の瀬戸内地方の景観を現す言葉として「耕して天に至る」がある。これは、山の斜面を開墾

し、小石を集めて石垣を築き、段々畑を作り上げ、麦や芋などを栽培していた風景のことである（谷口ほか、一九七八）。山中に少しでも耕作可能な土地があれば、麓から山頂に向かって、階段状に耕作地が開墾されたという。この景観は瀬戸内地方に限定されるものではなく、全国どこでも当時の農村の一般的な風景であった。近世以降、明治時代になってからは生産性の低い傾斜地の畑は放棄される傾向が強くなったが、それでも尚このような斜面地の利用形態は一九五〇年代ごろまで普通であった。

山地の利用という面から「耕して天に至る」斜面利用を考えてみよう。平地に乏しい島嶼や狭小集落では、積極的に山の斜面を耕作地として開墾していた可能性が高い。しかし、山地には燃料の薪を供給する役割や牛馬飼料の採草地としての役割もあった。従って、「耕して天に至る」景観とはいえ、実際には段々畑の間に柴木を採るための雑木林やススキの茂る採草地などが入り組んで、これらがモザイク状に分布していたと考えるのがよいだろう。

さて、ある土地を耕すと土壌環境には自然状態と比べて大きな変化が起こる。耕すことによって土中に空気が多く含まれるようになるし、施肥をおこなえば大量の窒素やリンなどが供給される。自然界においては、窒素、リン、カリウムなどは常に不足しているため、施肥の影響は非常に大きい。いったん耕作地となった土地には植物が生えやすくなり、そこでの植生遷移は森林を伐採した後に生じる二次遷移とは異なったものになると考えられる。植物の生長は非常に早く、一気に遷移が進むことだろう。
一九四七年よりも前の時代に操山の斜面が耕作地として積極的に利用されていたとすると、耕作が行われなくなった後で耕作地を起源とする二次遷移が起こったことになる。耕作放棄地はその後アカマツ林として再生したものの、樹木の生長が早いため落葉広葉樹や常緑広葉樹が早期に侵入定着することになり、松枯れ病の影響でアカマツが枯れた後では再びアカマツが定着することのできない植生になったのではないだろうか。アカマツは極端な陽樹（明るい場所を好む樹木）であるため、他の植物が生い茂った環境には入り込めないのである。

操山で「耕して天に至って」いたのかどうかは、可能な限り史料を調べてみたものの、はっきりとは分からなかった。しかし、少なくとも一九四七年の植生図を見る限りでは、耕作地、果樹園、ススキ草原などが見られ、山の斜面を積極的に利用していた形跡がうかがわれる。もし、操山の斜面に多くの耕作地が拓かれていたとしたら、何が栽培されていたのだろうか。食料増産用の麦か、救荒用作物の甘藷か、あるいは換金作物の綿花であろうか、興味をそそられるところである。

八．龍ノ口山のアカマツ林の急激な減少

一九四七年の龍ノ口山の堆積岩の範囲は一面の松山であったにもかかわらず、一九八二年には松林が大幅に衰退していた。操山に比べて松枯れ病に罹患するアカマツの割合が高かったためだと推

測されるが、この要因のひとつとして龍ノ口山と操山の地質の違いがあげられるだろう。

アカマツの根は、菌類と共に菌根と呼ばれる共生器官を形成する。マツの菌根を形成する菌根菌は、大部分がキノコの仲間（担子菌）である。発達した菌根では菌糸の働きにより、アカマツの根の水分と栄養分の吸収力が高くなる。アカマツは、乾燥というストレスを受けやすい環境であればあるほど、菌根を発達させて乾燥ストレスを軽減させる。土壌の良好な堆積岩地域では、普段は十分な水分があるため菌根を発達させる必要があまりない。逆に、乾燥しがちな花崗岩地域では菌根の発達が促進されるだろう。アカマツが乾燥地に強いのは、この菌根の存在による。さて、松枯れ病に罹患したマツは、マツノザイセンチュウの活動によって通水路である仮導管に異物や気泡が詰まって閉塞し、林冠へ水を届けられなくなる（二井、二〇〇八）。そのため、とりわけ水分不足が深刻な問題となる夏季に葉が枯れてしまい死に至る。つまり、松枯れ病は水分不足の問題でもある。花崗岩地域のマツは菌根が発達し乾燥ストレスに強いが、それに比べると堆積岩地域のマツは菌根があまり発達せず、乾燥ストレスに弱いので、松枯れ病の害を被り易かった可能性が考えられる。

九．人々の生活様式が山の景観を形作る

笠岡諸島の北木島では古くから除虫菊、麦、芋を中心とした農業が盛んであり、緩傾斜地のほとんどは畑として耕作されていた（波田ほか、一九九八）。緩傾斜地は斜面の下部と尾根・頂上部に分

布しており、畑が放棄された後には多くのクロマツが植林された。これが現在の景観をなしている。また、牛窓の前島での計測によると、耕作地に隣接した森林土壌では窒素とリン酸の含有量が高くなっていた（松岡、二〇〇八）。山中に畑が拓かれると肥料分が流出し、隣接する森林樹木による積極的な養分の吸収が起こって、樹木の様相に変化を与えると考えられる。さらに、過去には様々な場所で緑化事業が行われていた。緑化を行う際には単に木を植えるだけでなく、肥料を投入して土壌改良を行うのが普通である。痩せ地に強く空中窒素固定能力のあるオオバヤシャブシも肥料木として植樹されてきた。

方法はどうであれ、森林生態系に多量の窒素やリン酸が投入されると、植物の生産性が高くなる方向に歯車が回り始め、自然の植生遷移とは異なるものになるだろう。こういった植生変化のパターンについては、都市近郊型の植生遷移のあり方として、捉えるのがよいのかもしれない。

図５　操山のアカマツ林

さて、現在の操山に目を転じてみると、人々が山林を利用した時代の名残であるアカマツ林は少なくなってしまった。しかし、岡山県立朝日高校のすぐ東側にある一一四mの峯には比較的健全な林分が残存しており、操山におけるアカマツ林保存地と言ってもよい場所である(図5)。この場所は地表面の侵食が激しく、登山者の往来による踏みつけもあるため、植物が生えにくい状況が維持されている。図5を見ると巨大な花崗岩がごろごろしているが、これは風化残礫と呼ばれるものである。風化残礫は、風化花崗岩土である真砂土が浸食された後に、風化されずに残った堅い岩石が地表に現れたものである。改めてこの場所を眺めていると、こんな岩がごろごろしているような場所を、本当に耕して耕作地としていたのかどうか、自らの仮説に不安をおぼえてくる。しかし、おそらく地形ごとに異なる土地利用の選択があったはずであり、耕作地は岩の多い場所ではなく畝のつくりやすい斜面部や谷筋にあったのだろう。岩の多いこのような悪石地形の場所はせいぜい薪炭林として利用されたに過ぎないと思われる。

操山の植生は、わずか五七年の間に劇的に変化した。それは、操山の北側にある龍ノ口山でも同様である。人々の暮らしが変わったことにより、山林の利用形態が変わり、山の植生も大きく変化した。今はトレッキングや自然教育の場として、あるいは憩いの場として利用される操山と龍ノ口山である。この二つの山は生産の場としての役割は終えたが、我々の生活とこれからもつながりを持っていくのだろう。人々の生活様式が山の景観を形作っているのである。

十．最後に

本章では現在と過去の植生データを用いて、岡山市にある身近な山の戦後六〇年近くにわたる植生遷移を見てきた。この身近な自然の変遷は通説とは異なった傾向を示しており、非常に興味深いものであった。改めて、自然にはまだまだ分からないことが多いということを痛感させられたし、検討の余地のある興味深いテーマが眠っていることがよくわかった。しかし、古いデータほど入手するのが難しく、可能な限りデータを集めてはみたものの、岡山市の植生や自然を評価するのに十分だったかどうかは分からない。今後、過去から現代までのデータを利用して未来を予測する際には、目的を達成するために必要かつ充分なデータを得ることができているかを十分に考慮する必要があるだろう。

謝辞

本稿の執筆にあたって、元岡山理科大学総合情報学部の田川純先生に校閲の労をとっていただいた。また、データ解析において生物地球学科の学生である杉浦綾香さん、深谷勇斗さんにご協力を頂いた。皆様に深く感謝いたします。

引用文献

環境省．一九九五．生物多様性国家戦略．
http://www.biodic.go.jp/biodiversity/about/initiatives/

岡山県環境文化部自然環境課．二〇一三．自然との共生おかやま戦略．http://www.pref.okayama.jp/page/335777.html

環境庁．一九八二．岡山南部　現存植生図．「第二回自然環境保全基礎調査　植生調査」（環境庁編）．昇寿チャート株式会社．

環境庁．一九八八．岡山北部　現存植生図．「第三回自然環境保全基礎調査　植生調査」（環境庁編）．昇寿チャート株式会社．

環境省．二〇〇一．現存植生図　下賀茂・福渡・周匝．「自然環境保全基礎調査　植生調査」（環境省編）．http://www.vegetation.biodic.go.jp/index.html

環境省．二〇〇四．現存植生図　茶屋町・八浜・犬島・倉敷・岡山南部・西大寺・総社東部・岡山北部・備前瀬戸・東山内・金川・万富．「自然環境保全基礎調査　植生調査」（環境省編）．http://www.vegetation.biodic.go.jp/index.html

太田謙・森定伸・波田善夫．二〇一〇．香川県小豆島の植生分布と地質・地形との対応関係．ヒコビア　一五巻四号：四一五―四二五．

岡山県地質図作成プロジェクトチーム．二〇〇九．岡山北部．岡山南部・玉野．「岡山県地質図」．（岡山県地質図作成プロジェクトチーム編）西部技術コンサルタント．

太田謙・波田善夫．二〇一四．児島半島の植生．「シリーズ『岡山学』一二　瀬戸内海を科学する　Part2」（岡山理科大学『岡山学』研究会編）．八―二六．吉備人出版．

青木斌．一九七〇．花崗岩．「地学事典」（地団研地学事典編集委員会編）．一八五．平凡社．

松倉公憲．二〇〇八．地形変化の科学　―風化と侵食―．五七―八一．朝倉書店．

波田善夫・小新真代・福澤好晃・西本孝．一九九四．岡山県南部の二次林と地形・地質―特に土壌と毎木調査について―．岡山県自然保護センター研究報告（二）：一一―二八．

谷口澄夫・後藤陽一・石田寛．一九七八．風土と歴史9　瀬戸内の風土と歴史．二八六―三〇六．山川出版．

二井一禎．二〇〇八．マツ枯れは森の感染症―森林微生物相互関係論ノート．一四―一九．文一総合出版．

波田善夫・高橋和成・坂本弘明・田戸淳・藤原佐智子・長谷川直大・中尾茂樹．一九九八．北木島の植生．「自然保護基礎調査報告書（鹿久居島・北木島・六口島）」（岡山県地域振興部環境保全局自然保護課編）．九三―一一五．岡山県．

松岡憲吾．二〇〇八．岡山県前島の植生　―人間活動が森林植生に与えた影響―．「岡山理科大学大学院総合情報研究科修士研究要旨集」（岡山理科大学大学院編）．九七―一〇〇．岡山理科大学．

岡山市における夏の気温と不快指数

夏の高温化

近年の夏の暑さは、連日のようにマスコミに取り上げられるほど、異常に感じてしまう。二〇〇〇年に入ってから、二〇〇七年八月一六日に埼玉県熊谷市と岐阜県多治見市で四〇・九℃、二〇一三年八月一二日には高知県四万十市で四一・〇℃を気象庁が観測し、日最高気温の記録を更新した。このような極端な高温現象や気温の恒常的な上昇傾向は、熱中症患者を急増させる要因にもつながっており、総務省消防庁によると熱中症で救急搬送された患者数は、二〇一三年、過去最高の五万八七九二人にのぼった。極端な高温現象が全国的に猛威を振るった二〇一三年であったが、熱中症といった人体の暑熱障害を引き起こす気象条件は気温だけでなく、日射や湿度などの影響も無視できない。

岡山県でも二〇一三年の夏は連日、猛暑に見舞われた。過去八年間における日最高気温の八月平均値を、岡山市と東京二三区（千代田区）について図1に示す。岡山市は、ほぼ毎年のように東京中心部よりも夏の最高気温が高いという事実がわかる。月平均値で二℃も高くなる年がみられ、岡山の夏がいかに酷暑かよくわかる。図2には、岡山県で熱中症疑いによって救急搬送された人数の年推移を示してある。岡山県内において二〇一三年の熱中症救急搬送数は、一二八六人であった（総

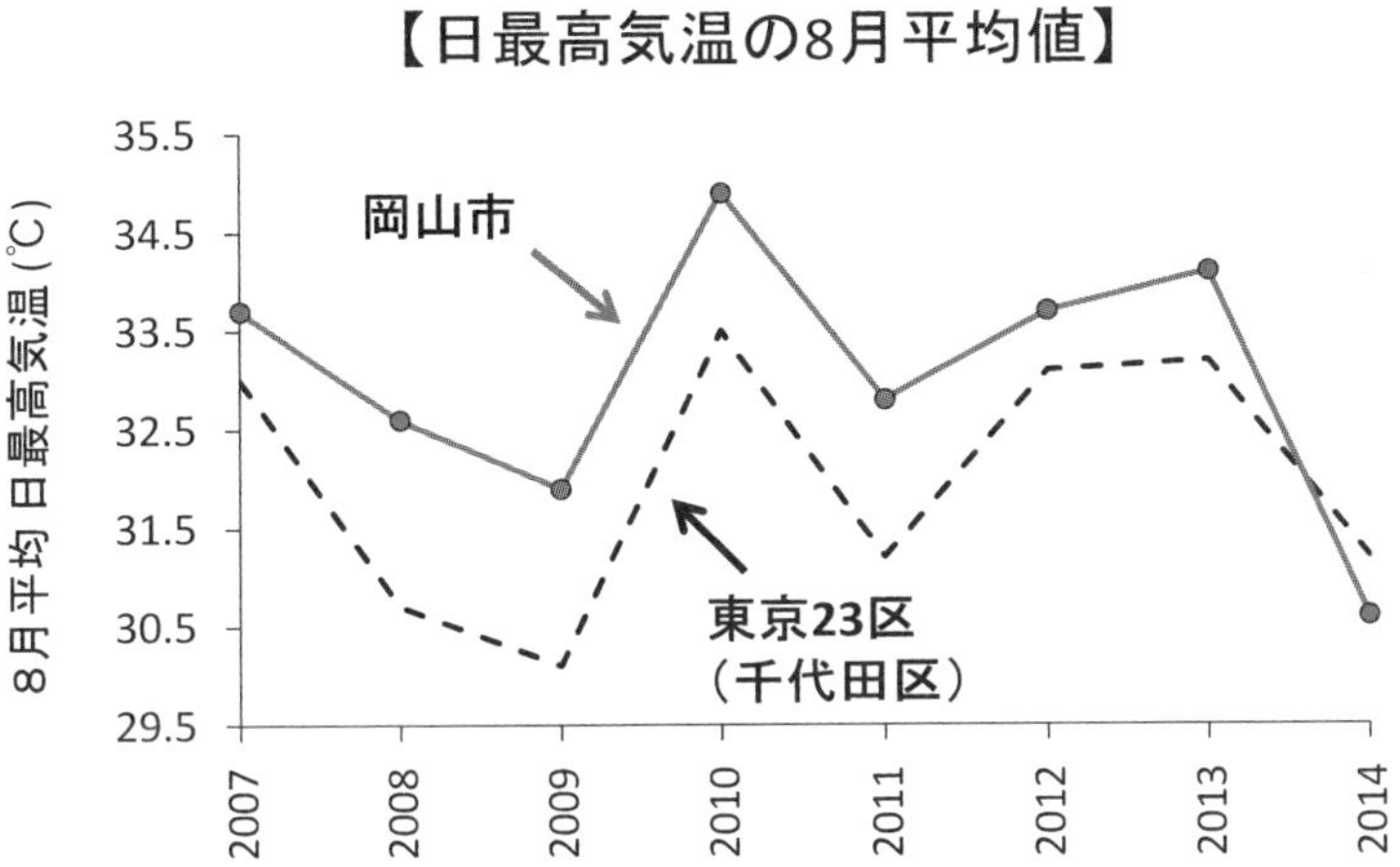

図1　2007～2014年8月の日最高気温（月平均値）の年推移
岡山市と東京23区（千代田区）の気象台で観測された数値を示している。

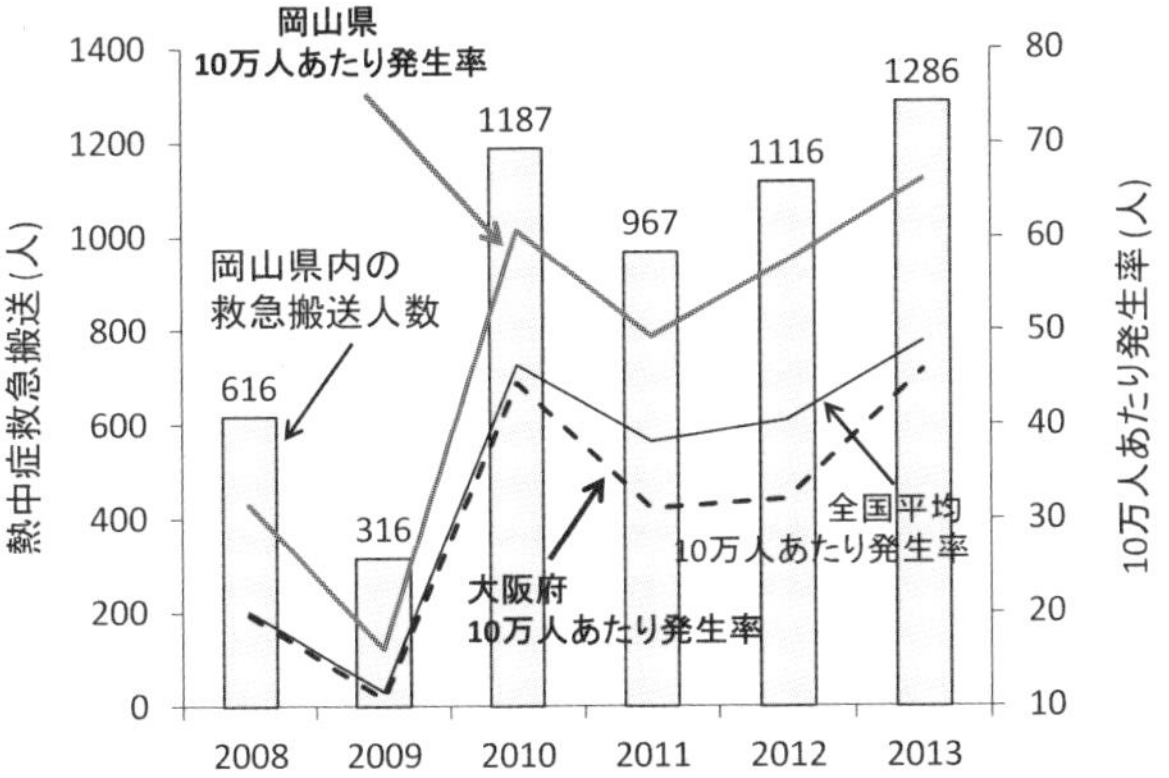

年	2008	2009	2010	2011	2012	2013
全国順位	2	7	2	4	3	6

図2　2008～2013年（6～9月集計）に熱中症疑いで救急搬送された人数と、人口10万人あたりに換算した場合の人数（熱中症発生率）についての年推移
熱中症発生率は、大阪府と全国平均の数字も示してある。表は、岡山県の熱中症発生率の全国順位の年推移を示す。いずれの数字も、総務省消防庁・熱中症情報（http://www.fdma.go.jp/neuter/topics/fieldList9_2.html）より引用。

務省消防庁の記録）。都道府県で人口そのものが異なるため、一〇万人あたりの熱中症発生率という数字になおすと、岡山県は六六・一人に相当し、実は全国平均値の四八・八人に比べて随分と高い。これは全国第六位の多さであり、消防局の熱中症データが整理、集計され始めた二〇〇八年以降、常に全国のトップ・テンに入るほど、岡山県は熱中症による救急搬送率が非常に高い県だといえる。参考として、大阪府の熱中症発生率の年推移も、図２に示してある。

　熱中症を発症させる要因には、もちろん気象条件に限らず、年齢であったり、日中の活動状態（屋外での労働作業か、空調管理された屋内での静止活動かなど）であったり、また服装であったりと、人体側の諸条件も関係してくる。それでも屋外が高温環境になればなるほど、熱中症の発生が顕著に増加することに間違いなく、如何にして生活空間の高温化を抑制するかが課題となってくる。

図３　熱中症の発症に関わる気象条件

　本稿では、気象庁によって観測された気象データを用いて、岡山を含む瀬戸内地域の夏の「蒸し暑さ」を調べた結果を報告する。冒頭で触れたように、熱中症の発症には気温だけでなく、他の気象要素も関わってくる。具体的には、湿度、太陽放射（日射量）、高温になった地表面や建物からの赤外放射（幅射熱）、そして風が該当する（図３）。以降の解析では、これらのうち特に「蒸し暑さ」に重要となる気温、湿度、風を考えた場合の熱中症リスクを議論してみる。

図４には、二〇〇六〜二〇一四年の過去九年間に岡山市、大阪市、広島市で観測された八月の積算日照時間と最高気温の平均値を示してある。大阪市は瀬戸内海の東部、広島市は反対側の西部に位置し、岡山市はちょうどその真ん中あたりになる。八月の日照時間は岡山市よりも広島市や大阪市のほうが多いようであり、この三都市のなかでは、特に大阪市の日照時間の多さが目立つ。これにほぼ対応するように八月の日最高気温も毎年、大阪市が最も高くなっている。日照時間と最高気温の年による変化がよく対応していることからも、その地域の気温は日照時間によっておおむね決まってくるといえそうである。このように岡山市は、瀬戸内海地域のなかで特別に日照が多く気温が高い地域ではなさそうである。

不快指数

気温に湿度も加えた快適性指標として、古くから不快指数がよく知られている。半世紀も前にアメリカで作成されて以来、いくつか改良がなされ、現在では次のような式で不快指

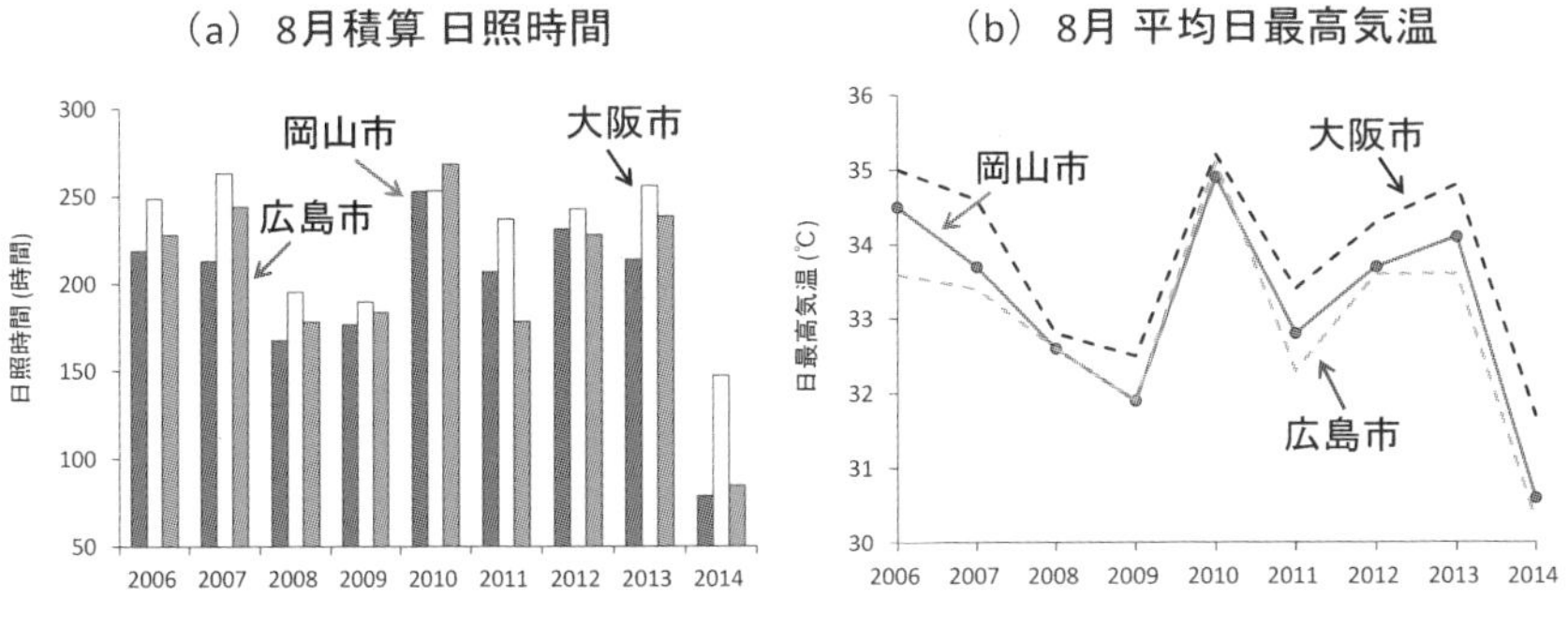

図４　2006〜2014年に岡山市・大阪市・広島市で観測された8月の(a)積算日照時間と(b)日最高気温（月平均値）の比較

数は計算される（改良型不快指数）。

（改良型）不快指数　＝　0.75×湿球温度＋0.3×乾球温度　（1）

乾球温度はいわゆる気温であり、湿球温度は湿度（空気中の水蒸気量）の影響を含んだ温度になる。通常、湿球温度は乾球温度よりも低くなる。湿球温度は、温度計感部を水で湿らせたガーゼで包むことによって測定することができるが、この水の蒸発によって気化熱が奪われる効果で湿球温度は気温よりも低い状態になる。したがって、水がたくさん蒸発するほど湿球温度と乾球温度の差は広がり、大気が乾燥しているとわかる。反対に、ガーゼの水があまり蒸発しなければ、大気が湿潤であることを表している。人の体も一緒で、大気が乾燥しているような湿球温度の低い気象条件では、身体の表面（皮膚）から水分がよく蒸発するため表面温度も低下しやすい。また一方で、じめじめと湿った、湿球温度の高い条件では身体の表面からも蒸発が起こりにくく、表面温度が低下しにくいため、暑く感じることにつながる。このように湿球温度は、人体（皮膚表面）の湿度を、うまくモデル化した指標であるといえる。

（1）式の不快指数は℃の単位をもっており、Moran et al.（1998）によって改良された不快指数である。日本で熱中症指標として推奨されているWBGT（Wet-bulb Globe Temperature）とこの不快指数は一対一に対応するように作成されているので、湿球温度と乾球温度を測定することで熱中症ハザードを推定できることになる。WBGTは、その値が二八℃以上三一℃未満のとき熱中症の「厳重警戒」、三一℃以上のときに熱中症の「危険」というハザードランクに相当する（日本生気象

学会　二〇一三）。したがって（1）式で計算された不快指数の値に対しても、このランクをそのままあてはめることができる。WBGTの詳しい説明については、環境省ＨＰ（http://www.wbgt.env.go.jp/）を参照されたい。

WBGTは、乾球温度と湿球温度に加えて黒球温度も測定する必要があるが、黒球温度計が特殊な形状と材質をしている影響もあり、先の二つの温度に比べて測定が難しい（最近は、携帯型の小サイズの黒球温度計も製作されているが）。したがって、WBGTの代わりとして不快指数が熱中症指標に使えることは、非常に大きな利点がある。気象庁の気象台やアメダスでは湿球温度を測定してはいないが、気温、相対湿度、気圧のデータがあれば、湿球温度を計算できる。アメダスでは気圧も測定されていないが、大気圧は局所的な変化が小さく、湿球温度を求めるために必要な気圧には一番近い場所にある気象台で測定された値を使えば、少なくとも夏の気象条件では大きな問題にはならない（ただし標高にほとんど差がないという前提であるが）。

岡山市と大阪市の比較（二〇一三年の猛暑）

冒頭で述べたように、二〇一三年は記録的な猛暑年となった。岡山も例外ではなく、八月の猛暑日（日最高気温が三五℃以上）の日数は一一日であり、おおよそ三日に一回の頻度で猛暑日を記録した計算になる。ここでは特に、連日猛暑日が岡山で観測された八月七日から八月一五日までを解析対象とし、岡山がどれだけ（体感的に）暑かったのか、分析してみた。

まず、岡山市と大阪市の気温、不快指数を比較してみた。岡山市は岡山地方気象台、大阪市は大阪管区気象台の気象観測露場で測定された結果（一〇分値）である。気象台で測定された値がどの程度の空間的な範囲を代表するかは議論の余地があるが、ここでは便宜上、市を代表する平均的な気象状態であるとみなしていく（実際にどの程度の違いがみられるかは、後述する）。日中の気温は（図5）、期間後半に大阪市のほうが目立って高くなっているが、それ以外の日については大差ないといえる。一方の夜間は、ヒートアイランド現象が強く現れる大阪のほうで、気温が二℃ほど岡山よりも高い様子がわかる。

ところが、これを不快指数で比べてみると（図6）、日中は明らかに岡山市のほうが高くなる時間帯が長い。期間前半は一・〇〜一・五℃の差、後半には三℃を超えるような大きな差が出現しており、岡山市で熱中症の「危険」ランクに含まれる日が八月九日から一一日まで認められる。

人体の熱ストレスには、日射や風といった気象条件も関わってくる。日射量は岡山市も大阪市もこの期間さほど違いはないが、風速については一日を通して大阪市のほうが大きかった（ただし、一・五メートルの人の高さに補正した風速の値に対して）。岡山市は特に夕方以降、風が急速に弱まり、夜間は秒速一メートルに満たない微風条件が続いていた。したがってこの猛暑の期間、岡山市は大阪市に比べると気温が同程度か、やや低い日が多かったが、体感的には岡山市のほうが「蒸し暑かった」可能性が高い。

岡山平野は備讃瀬戸という海域に面し、「瀬戸の夕凪《ゆうなぎ》」と呼ばれる、夏の夕方に風がぴたりと止む

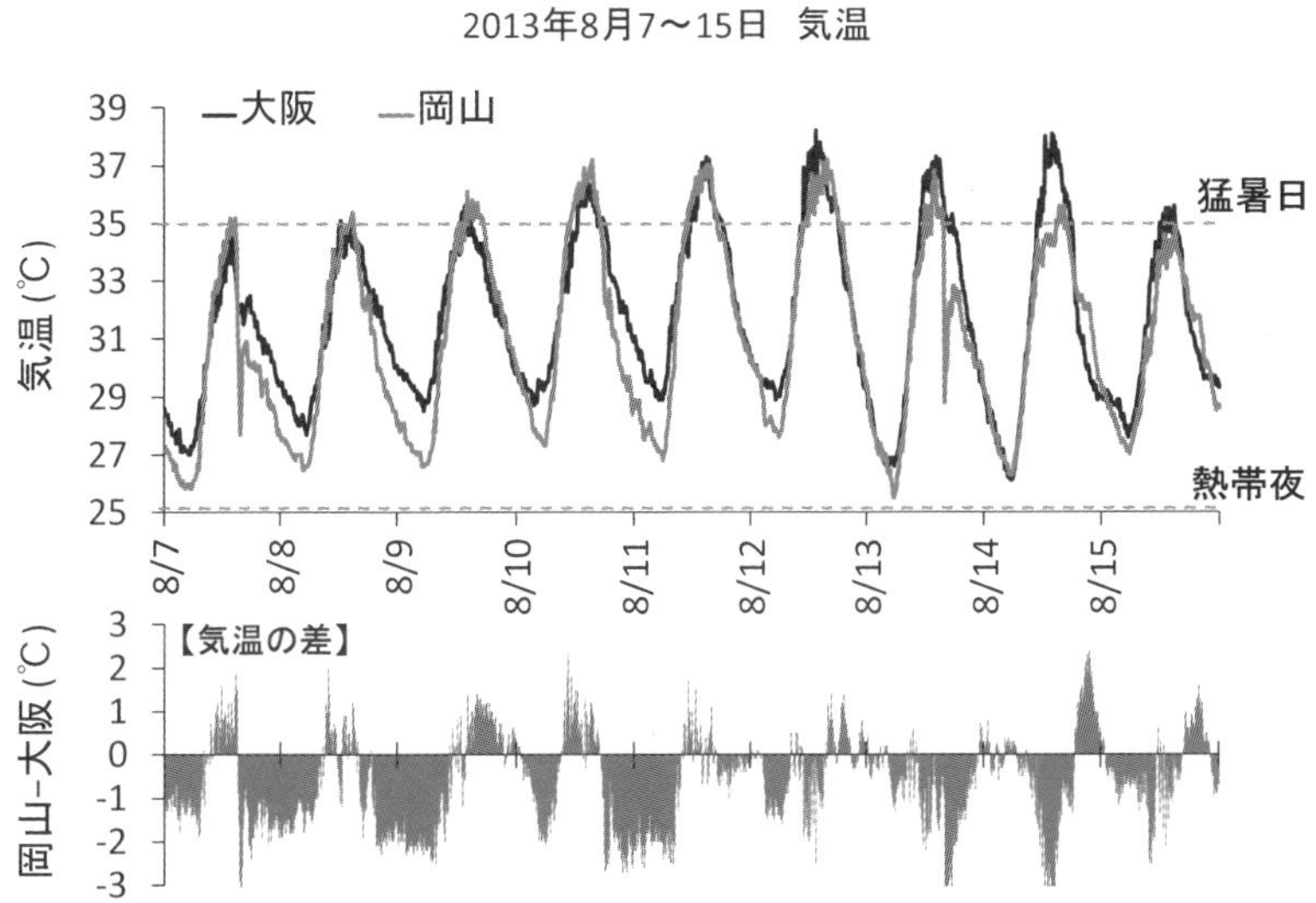

図５　2013年8月7～15日に大阪市と岡山市で観測された気温（上図）と、岡山市と大阪市の気温差（下図）の日推移

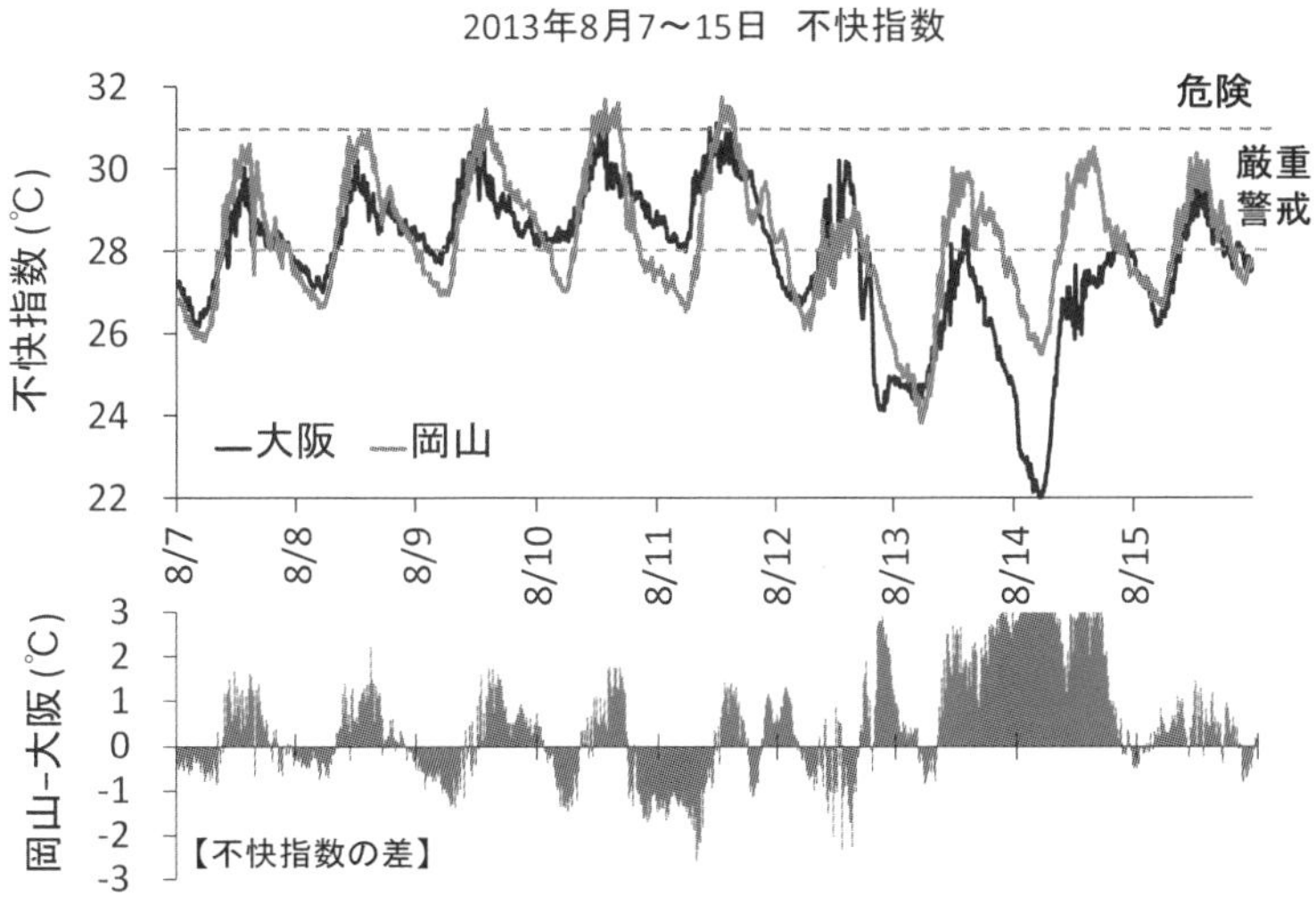

図６　2013年8月7～15日に大阪市と岡山市で観測された不快指数（上図）と、岡山市と大阪市の不快指数の差（下図）の日推移

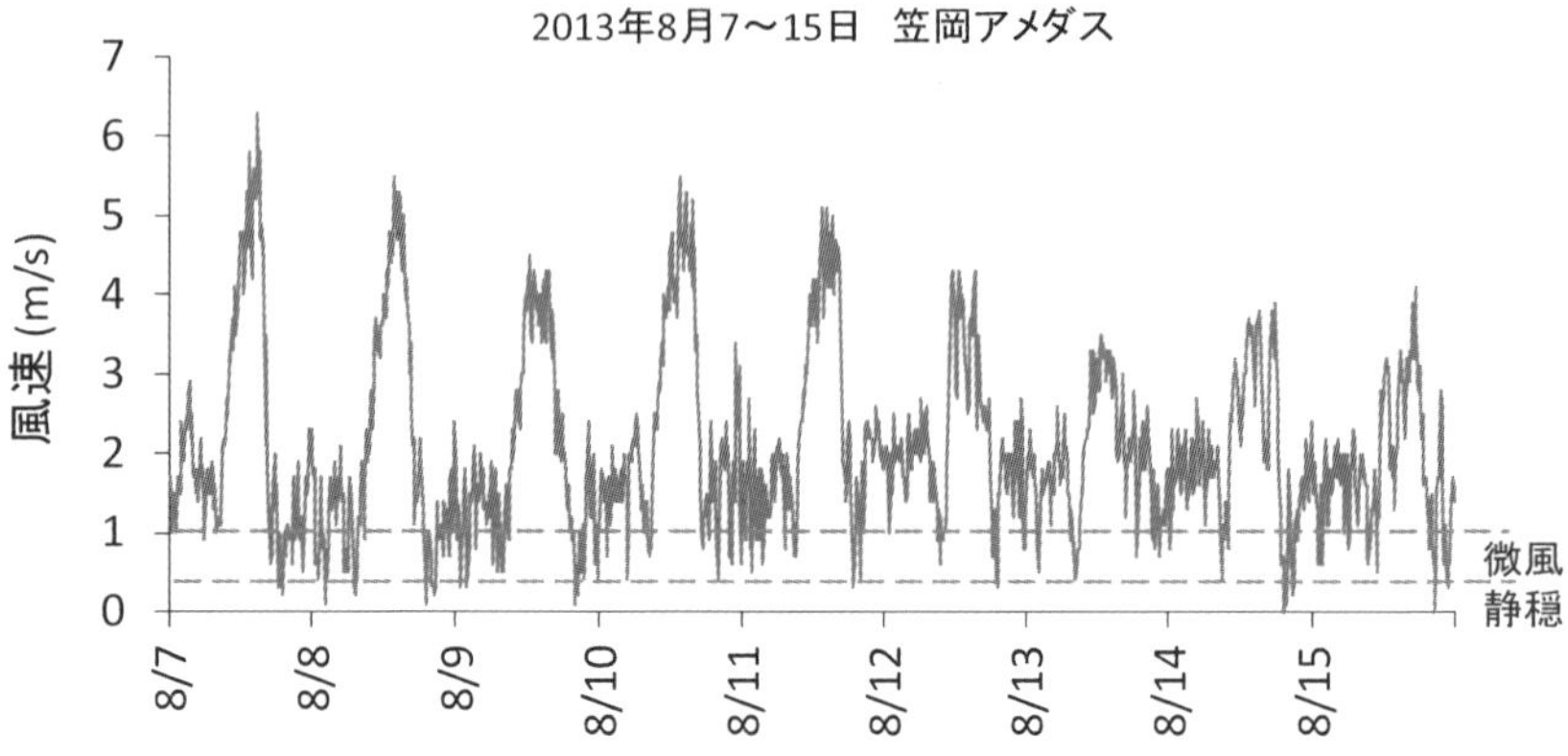

図７　2013年8月7～15日に岡山県笠岡市（笠岡アメダス）で観測された地上風速の日推移

現象が知られる。図７には、岡山県笠岡市で観測された風速の日変化を示している。笠岡市は、瀬戸内海に面する岡山県南西部に位置している。日中は秒速三～五メートルの南風が毎日、明瞭に現れており、瀬戸内海からの海風がよく入り込んでくる様子がわかる。ところが夕方六時頃を過ぎたとたんに風が止み、それまでの海風の心地よさがまるで嘘のように蒸し暑さへと変わる。

風速の値から凪の明確な定義はないが、秒速一メートルに満たない風速であれば、無風に近いと感じるであろう。そのような時間が毎日、一～二時間も続くので

図８　備讃瀬戸での夕凪の様子
夕方の無風に近い気象条件のため、海面はほとんど波が立たず滑らかである。

ある。また笠岡では、夕凪のあとは秒速二メートル前後の北風がみられるが、これは夜間に陸地の温度が低下することで発生した陸風と呼ばれる現象である。

夕凪の時間帯にあたる備讃瀬戸の様子を図8に示す。海面はまるで鏡のように滑らかであり、風による波がほとんどみられない。このようなとき、工場からの煙は空に向かってまっすぐと伸びている。

瀬戸内海・日本海・太平洋諸都市の比較（二〇一三年の猛暑）

先に比較した大阪市は、瀬戸内地域の最も東部に位置する。一方で、日本海側や太平洋側の地域と比べても、岡山市はやはり蒸し暑かったのだろうか。同じく二〇一三年八月七日から八月一五日までのあいだ、各地で観測された不快指数の出現頻度を図9にまとめてみた。熱中症の「厳重警戒」ランク二八℃以上の記録が期間中に最も多かったのは、（一〇分値に対して）九〇二回の広島市であったことが、この図からもわかる。これは、時間数にして一五〇時間であり、解析期間全体の約七割の時間数に相当する。次いで松山市、高知市、それから岡山市の順となった。しかし、三一℃以上の「危険」ランクに絞ると、岡山市が最も多い四五回を記録し、次に多いのは意外にも日本海側の鳥取市で、三〇回も観測されていた。岡山市の「危険」ランクは期間中七・五時間に相当し、数字だけみればさほど多くないように思えてしまうが、一日のうちで不快指数が三一℃を超える時間が仮に一～二時間あっただけでも、その日の熱中症の発症リスクが高くなると考えた方がよい。

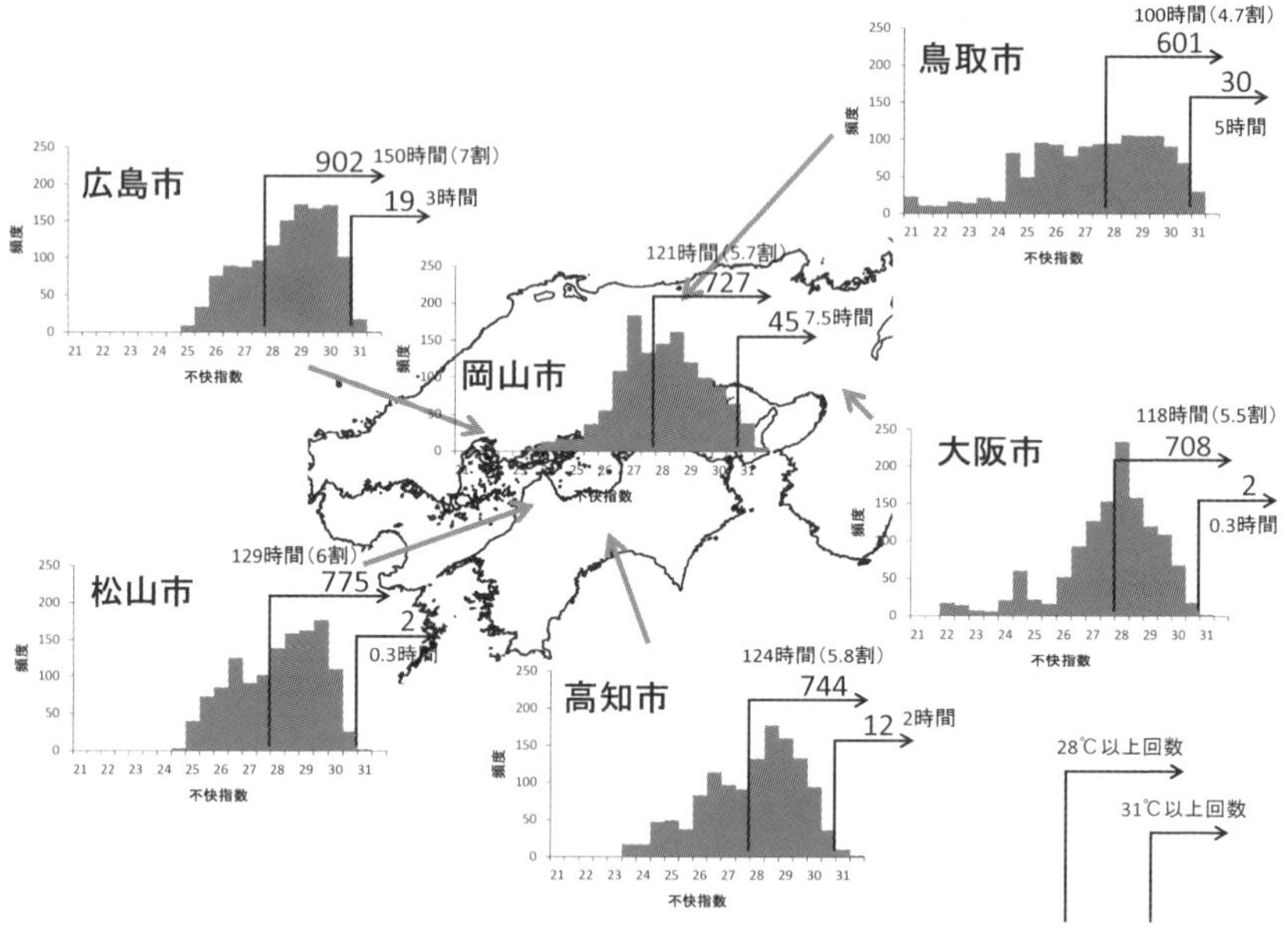

図9　2013年8月7～15日に瀬戸内海とその周辺地域で観測された不快指数の出現頻度分布
10分値に対する結果で、28℃以上と31℃以上の記録回数を数字で示してある。

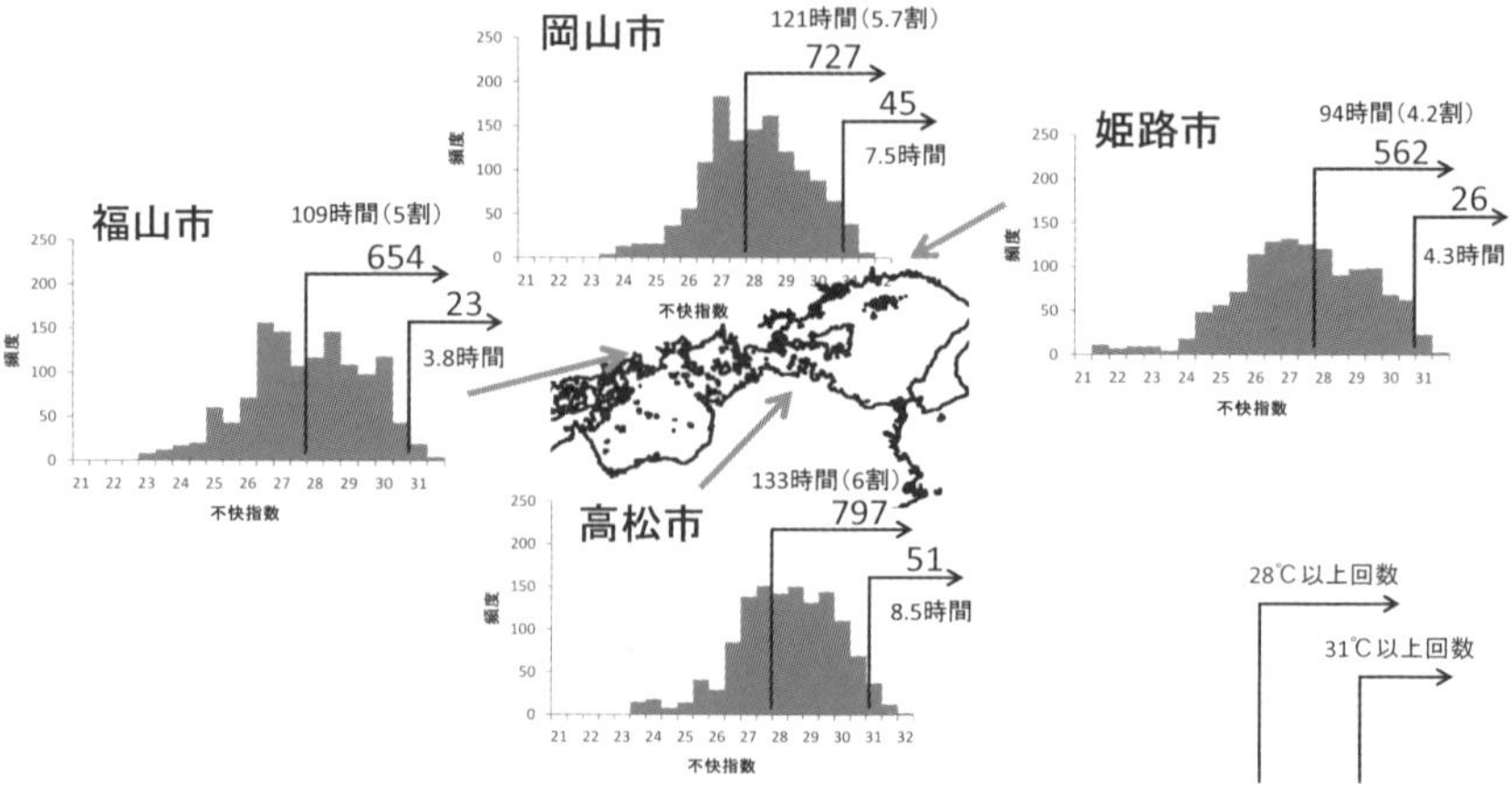

図10　2013年8月7～15日に備讃瀬戸とその周辺地域で観測された不快指数の出現頻度分布
10分値に対する結果で、28℃以上と31℃以上の記録回数を数字で示してある。

岡山市に近い地域でも、「危険」ランクを示す極端に高い不快指数が多く記録されるのだろうか？気象庁の気象台または特別地域観測所（気温・相対湿度・気圧を測定している観測所）が存在する姫路市、福山市、高松市についても同様の解析をおこなったところ（図10）、高松市では「厳重警戒」ランク以上が七九七回（一三三時間）、このうち「危険」ランクは五一回（八・五時間）にものぼり、数字のうえでは岡山市よりも熱中症リスクの高い条件が継続したとわかる。しかし不快指数には風の影響が考慮されていないため、夕凪のように「蒸し暑さ」を増強させる微風（秒速一メートル以下、千葉 一九八〇）条件にしぼって、二八℃以上の高い不快指数の時間数を算出してみた（図11）。すると、海風が比較的強かった高松市は、先述の不快指数のみでの結果よりも時間数が短くなり、蒸し暑さの順位が下がった（三四時間で、期間中の一六％が該当）。一方の岡山市は既述の地域もあわせた九つの地域のなかで二番目の蒸し暑さ（六一時間で、期間中の二八％が該当）となった。つまり岡山市は、風が弱く蒸し暑い気象条件が、西日本の他

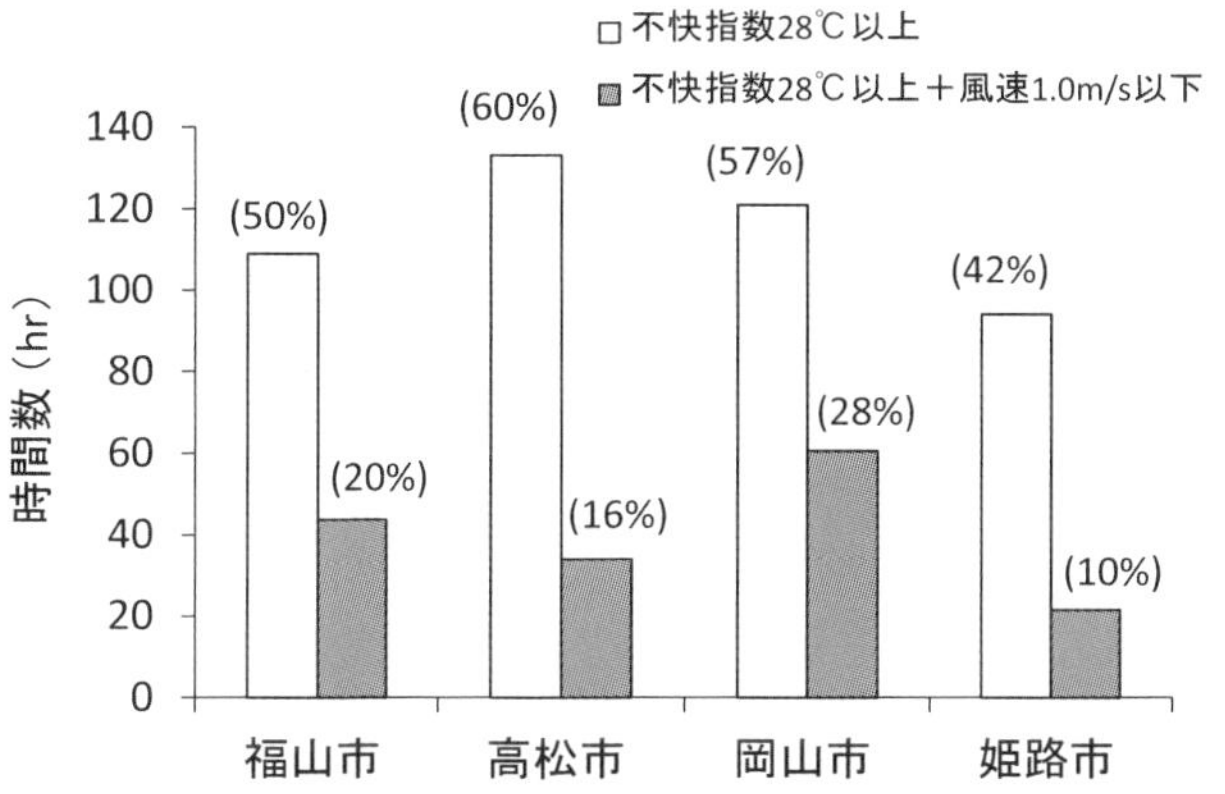

図11　2013年8月7～15日に備讃瀬戸とその周辺地域で観測された不快指数28℃以上と、不快指数28℃以上かつ風速1.0m/s以下の出現時間数と出現率。

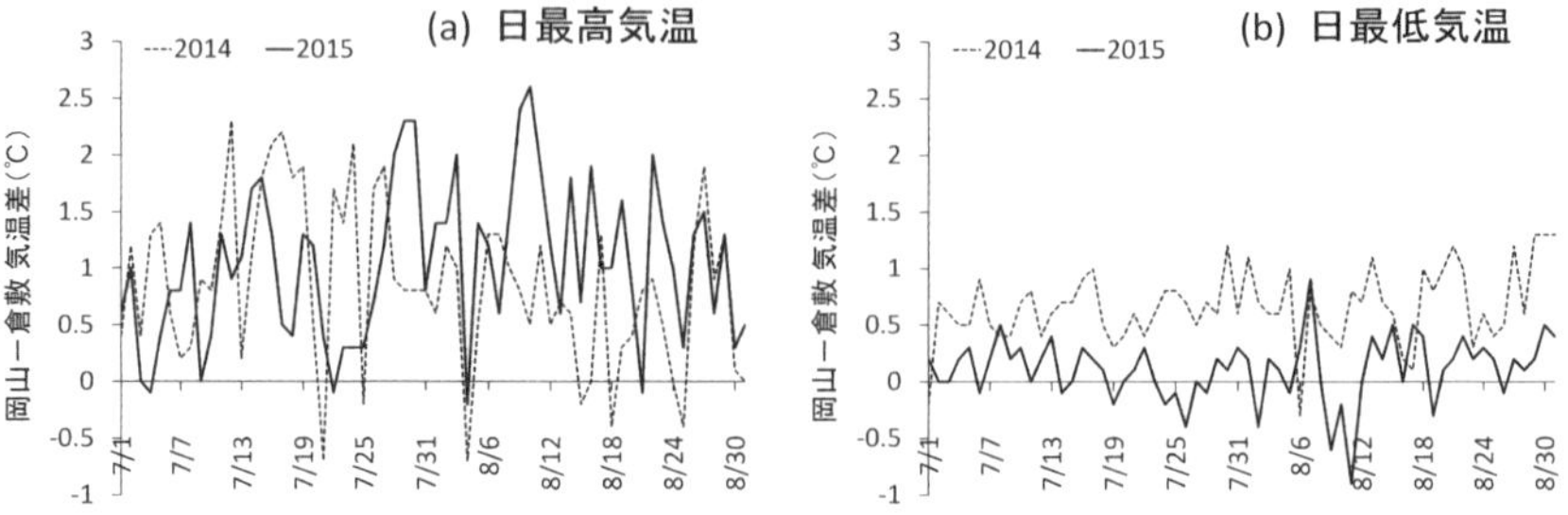

図12　2014・2015年7・8月に観測された岡山と倉敷の(a)日最高気温、(b)日最低気温の差
2014年の岡山の観測露場は岡山市街地中心部にあったが、2015年には郊外の岡山大学構内へと移転している。

の沿岸地域よりも長く継続していたといえる。

観測地点の影響（岡山市の例）

今回の解析では、一地点で観測された気象値を広い地域の代表として扱ってきた。当然、この観測値は周辺環境の影響も受けていると容易に予想できる。実は、岡山地方気象台の観測露場は二〇一五年三月に、中心市街地から北に約三キロメートル離れた岡山大学構内へと移転した。移転前の夏である二〇一四年七・八月と移転後の二〇一五年七・八月の日最高気温、日最低気温を比較した結果を、図12に示す。ただし、年による気候の違いの影響を取り除くため、倉敷アメダスとの気温差として表している。日中の暑さを示す日最高気温については、移転前後で目立った変化はみられない。一方、二〇一五年の日最低気温は、二〇一四年に比べて岡山と倉敷の差が明らかに小さくなっており、七・八月平均値で〇・六℃の縮小がみられた。これは岡山の観測露場の夜間気温が倉敷アメダスの値に近づいたことを意味している。その倉敷アメダスは、倉敷市街中心から約一キロメートル南の岡山大学施設内にあり、露場の周囲が水田で囲まれている。岡山の露場環境は移転後に、倉敷アメダスの周辺に似た環境になったといえる。

もう一つ重要な結果は、前述のように岡山アメダスの日最高気温については、移転前と比べても大きな変化がない点である。この事実は、日中の気温分布にはある程度の範囲で一様性が認められることを指しており、西日本の解析ではおもに日中の不快さに着目してきたが、気象台の観測値を便宜上、市を代表する平均的な気象状態としたことは、まったくの見当違いというわけでもなさそうといえる。これは、日中は大気の対流が活発になることから、夜間に比べて水平方向にもよく大気が混合して空間的な気温差も小さくなっているとみられる。

おわりに

熱中症の危険性を気象学的な観点から捉えた場合、高気圧や低気圧などの日本列島を覆う気圧配置スケールでの気象条件、山地や平野といった地域の地形スケールで決まる気象条件、そして人間周りのマイクロスケールでみた気象条件、これら異なるスケールを包括した議論が生じうる。本稿ではこのうち特に、地域地形スケールの気象条件による違いに着目した熱中症ハザードの解析例を紹介してきた。熱中症の発症に結びつく気象条件として、気温でみるか、それとも不快指数でみるのか、さらに風も考慮するかで、結果が異なってくる。このことは当たり前に思えるが、実際にどの地域で熱中症のリスクが高くなるかを数値であらわすことは重要である。同時に、用いる気象データがどのような環境下で測定されたのかも、きちんと理解しておかなければならない。案外、自分の住む場所とはかけ離れた条件になっている場合があるので、注意が必要である。

引用文献

千葉修・安達隆史　一九八〇　「微風時の風の特性（第1報）」『天気』第二七巻　三三一～三四一頁　日本気象学会

Moran D.S., Shapiro Y., Epstein Y., Matthew W., and Pandolf K.B. 1998 A modified discomfort index (MDI) as an alternative to the wet bulb globe temperature (WBGT). In Environmental Ergonomics, Vol.8, ed. by Hodgdon J.A., Heaney J.H., Buono M.J., International Conference on Environmental Ergonomics, San Diego, pp.77–80.

日本生気象学会　二〇一三　「日常生活における熱中症予防指針 Ver.3」 http://www.med.shimane-u.ac.jp/assoc-jpnbiomet/pdf/shishinVer3.pdf

69　岡山市における夏の気温と不快指数

家計調査から見た岡山市

一．家計調査について

ここでは、公表されているデータから、岡山市を見てみようと思います。予断をなくすために、岡山市に関するその他の情報はすべて使わないことにします。そうすれば、今まで気がついていない岡山市の特徴が見えてくるのではないかと考えたのです。そこで、公開されている様々なデータの中から全国家計調査のデータを使うこととしました。

全国家計調査とは、総務省統計局が行っている調査で、対象は全国の都道府県庁所在地と政令指定都市の家庭です。この家庭ごとの家計の収入・支出や貯蓄・負債などを毎月調査を行い、その結果が様々なことで公開されています。特に支出は、様々な細目・品目ごとに分けて調査がされています。この全国家計調査の結果は、過去の結果も含めて、統計局のWeb（http://www.stat.go.jp/）で公表されています。テレビ番組などで、「○○市は○○の購入が多い」という内容が出てくる場合にはほとんどが、この全国家計調査の結果を利用していることが多いのです。

この全国家計調査は、購入の具合を見ることができますので、生産ではなく、平均的な生活のレベルが見えることになります。そこで、このデータを利用して、岡山市の平均的な生活について調べることとしました。ここで利用したデータは、平成二四年度の全国家計調査のデータを利用しました。

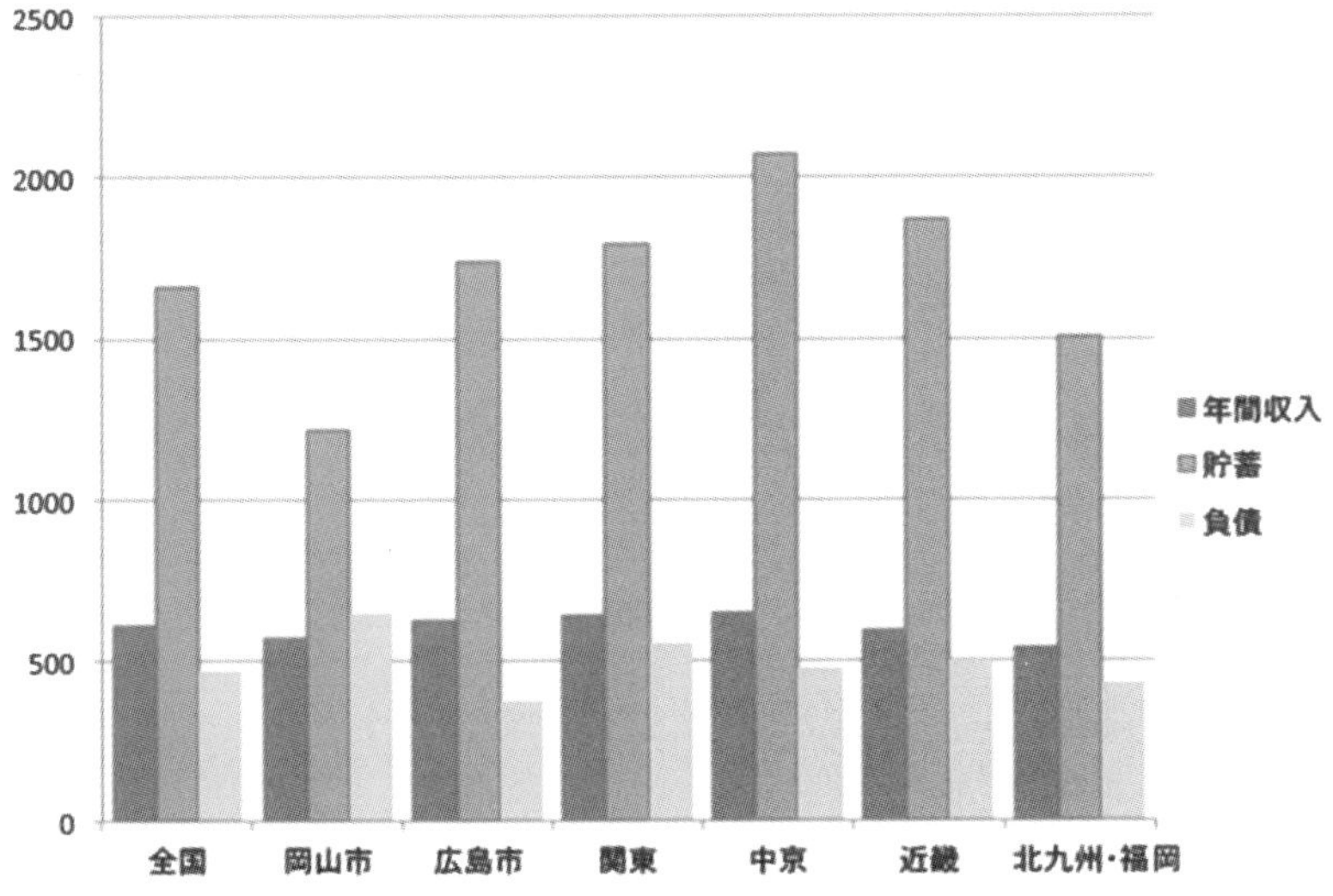

図1　収支の状況

二　収支の状況について

まず、最初に収支について考えてみます。図1は一ヶ月の世帯当たりの平均収入・貯蓄・負債をグラフにしたものです。単位は万です。これには給与収入以外の収入も含まれています。二人以上働いている場合は合算されています。岡山市と比較するために、全国平均・広島市・四大都市圏を載せています。

収入をみてみると、岡山市の平均収入は全国平均と比べ、少し下回る額になっています。各都市圏・広島市が高いので、データを詳しく見れば、都道府県庁所在地四七都市中では四〇位ですから、かなり低い市になります。グラフからもわかるように福岡市の平均収入はもっと少なく四一位です。

それに対し、貯蓄額は中京都市圏が高いことと、岡山市が低いことが目立ちます。貯蓄も少なく四〇位で、かなり少なくなっています。ただ、それでも、一二二八万円もあり、ちょっと普通の感覚からは多すぎる気もします。

それに対し、負債額はかなり大きいのがわかります。第四位で、岡山市より多いのは、さいたま市、東京都区部、横浜市で、関東の都市圏が多いのですが、それに負けずに負債額が多いのが岡山市の特徴です。特に、収入額の平均を負債額の平均が上回っています。収入があまり変わらなかった福岡市は貯蓄が三二位、負債が一七位と岡山市より健全です。

つまり、岡山市は、収入が少なく、負債が大きく、貯蓄が少ないという傾向にあるのです。

次に、よく似た都市を探すために、主成分分析といわれる統計手法を用いて、詳しく都道府県庁所在地の状況をみてみました。図2はその結果を表示したものです。この

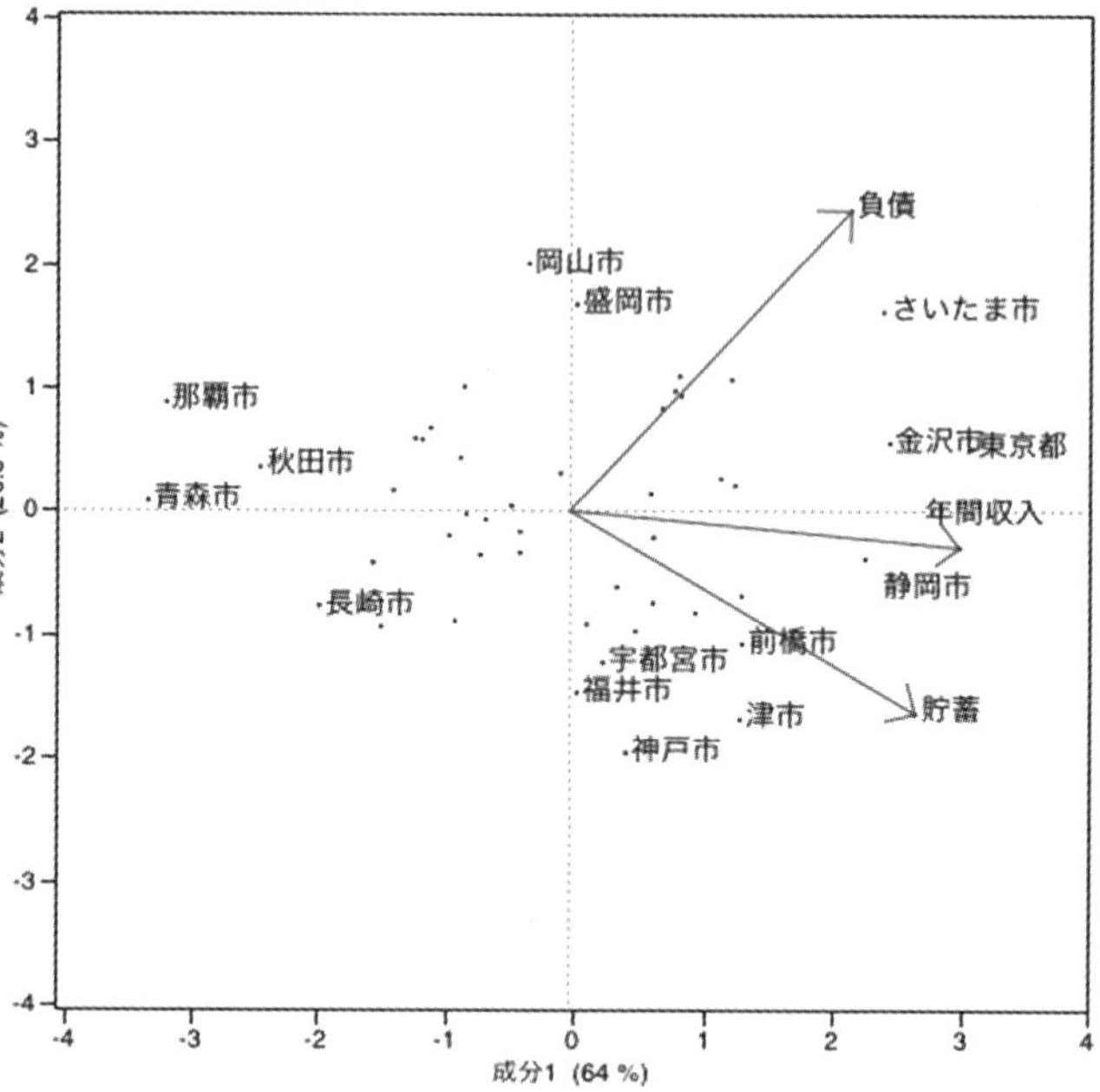

図2　もう少し分析してみると

グラフで、「年間収入」とかかれた矢印がありますが、これは『右のほうにある市は年間収入が大きく、左のほうにある市は年間収入が少ない都市』ということを表しています。同様に、「負債」の矢印は『右上のほうにある市は負債が大きく、左下にあれば貯蓄が大きいということ』を、「貯蓄」の矢印は『右下のほうにある市は負債が大きく、左上にあれば貯蓄が大きいということ』を表しています。

このグラフをみますと、東京都区部や静岡市、金沢市は年間収入が多く負債と貯蓄のバランスが良い都市ということがわかります。同様に、青森市、秋田市、那覇市は年間収入が少ないが負債と貯蓄のバランスは良い都市ということとなります。また、神戸市、津市、福井市等は収入はそれほどでもないが貯蓄額が多い都市であり、岡山市と盛岡市は収入はそれほどでもないが負債額が多い都市ということになります。さいたま市に関しては収入が多く負債が多い都市ということになります。このようにグラフを見ることができます。

この結果を見ると、収支貯蓄の状況では、岡山市と盛岡市は似ているということになります。しかし、東北の盛岡市であれば、冬の暖房代や除雪費用などが必要となることを考えると、なぜ温暖で大雨等の被害も少ない岡山市の負債が多いかということが疑問に感じます。

そこで、この負債額の理由を考えてみます。そのために、支出の詳細を見てみました。図3は支出を目的別に分けて表示したものです。このグラフを見れば、岡山市の食費への支出額が全国平均と比べて小さくなっていることがわかります。それに対し、他都市と比べて大きいのが住居費（ロ

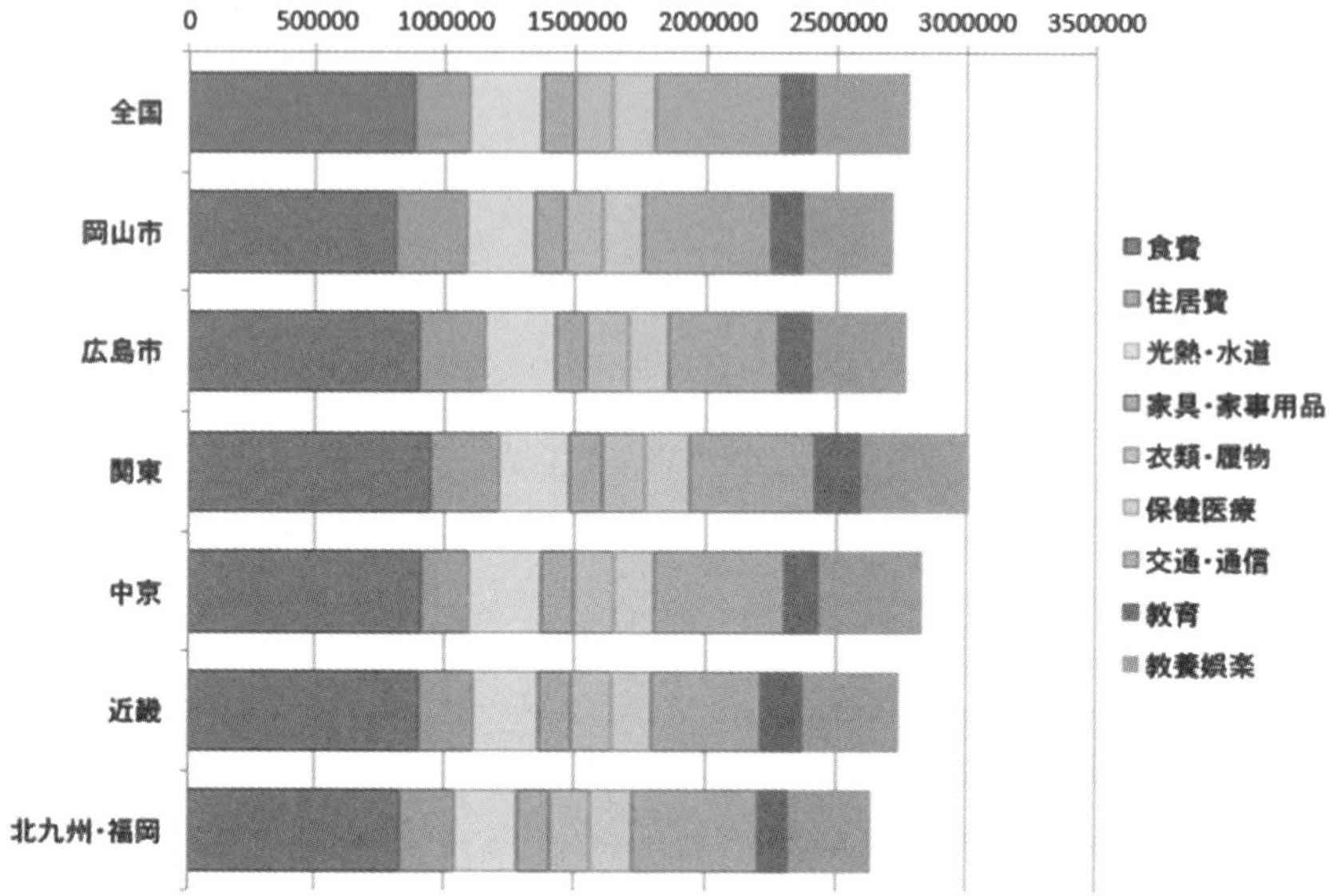

図３　消費の傾向は

ーンを含む）なのです。この額は全国六位で、関東都市圏の平均額を上回り、横浜市と同等の額になっています。同じ中国地方の広島市よりも高く、地方都市としては、非常に高いのが目立ちます。

つまり、岡山市は、住居費が高い都市であり、これが、負債額を大きくする原因の一つになっているようです。しかし、岡山市の持ち家率は六七・一％で全国平均と比べても低く、住宅ローンだけが負債額でないとはいえ、住居費が貯蓄額を下げ、負債額を大きくしている原因のようです。その他、交通・通信費の支出も高いのが気になります。岡山市で生活するには、住居費・交通費が多く必要になるということのようです。

その部分が増えたので、どこかで節約をしなければなりません。そのために食費の額が減ら

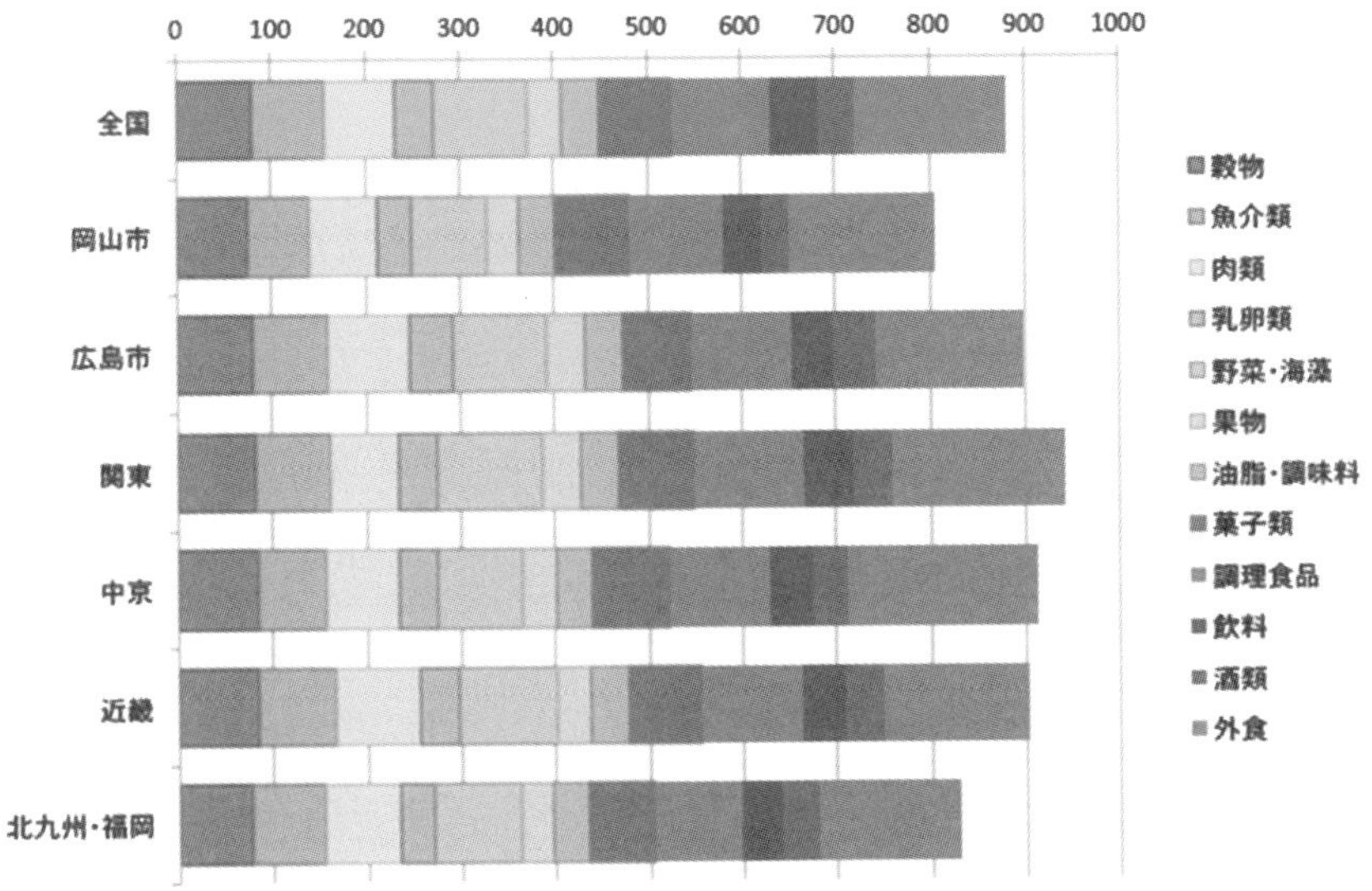

図4　では食費は

されているようです。つまり、食費を減らした「質素」な生活を送っているようです。実際、食費の額は全国で四三位です。岡山県は教育県と言われていたようですが、現状では、教育に関する支出もあまり多くなく、東京都区部のおよそ半分程度しかありません。

三．食費の詳細について

では、どのような形で岡山市では食費を節約しているのでしょうか。詳細を調べてみました。図4は食費を細目に分けて表示したものです。

著者は、岡山県外の出身であり、岡山市に移動してきたときに岡山市の人に聞いたのは、「岡山市の人は外食は少なく、お酒も家飲みが多い」ということでした。ところが、実際にデータを見てみたところ、酒類の支出は全国的に少ないことがわかります。支出なので、これは酒類を購入している額を表します。これが少ないということは、家でもお酒をあまり飲まないということになります。それに対し、外食の額は他地域とそれほど変わらないこともわかります。ですから特に外食が少ないということはなく、全国平均なみで、外食の支出を支払っているということです。つまり、「外食に関しては少なくなく全国平均との差もない、家飲みは少ない」ということがわかります。イメージが先行していて、実態は異なったものでした。

さて、酒類が全国と比べて少ない点が節約にあたるのかもしれませんが、その額はあまり多くありません。では、どこで節約をしているのでしょうか。グラフをみて、特徴的なのが、穀物類と魚介類の購入額が全国平均や他地域と比べて小さいことです。これが節約の主たる部分のようです。岡山市では穀物と魚介類の購入を控えて、節約に励んでいるようなのです。

そこで、その穀物の詳細を見るために、図5に穀物の購入額の細目を表示してみました。これからすぐにわかるのは、米の購入額が少ないことです。実際、購入額・購入量とも最下位なのです。全国家計調査のデータを数年みていますが、この傾向は数年続いています。

それに比べてパン類やめん類などの購入額が多いわけではありません。また、別に安い米を選んで買っているわけではありません。購入量を購入額で割ると、購入した米の平均単価が得られますが、一kgあたり三七六・九円で、全国平均の三六一・九円より高く、全国的に見ても安いことはありません。つまり、岡山市では米を購入しないというのが特徴になります。

このことを話すと、米を『購入以外の方法』で手に入れることが多いという話を聞きます。しか

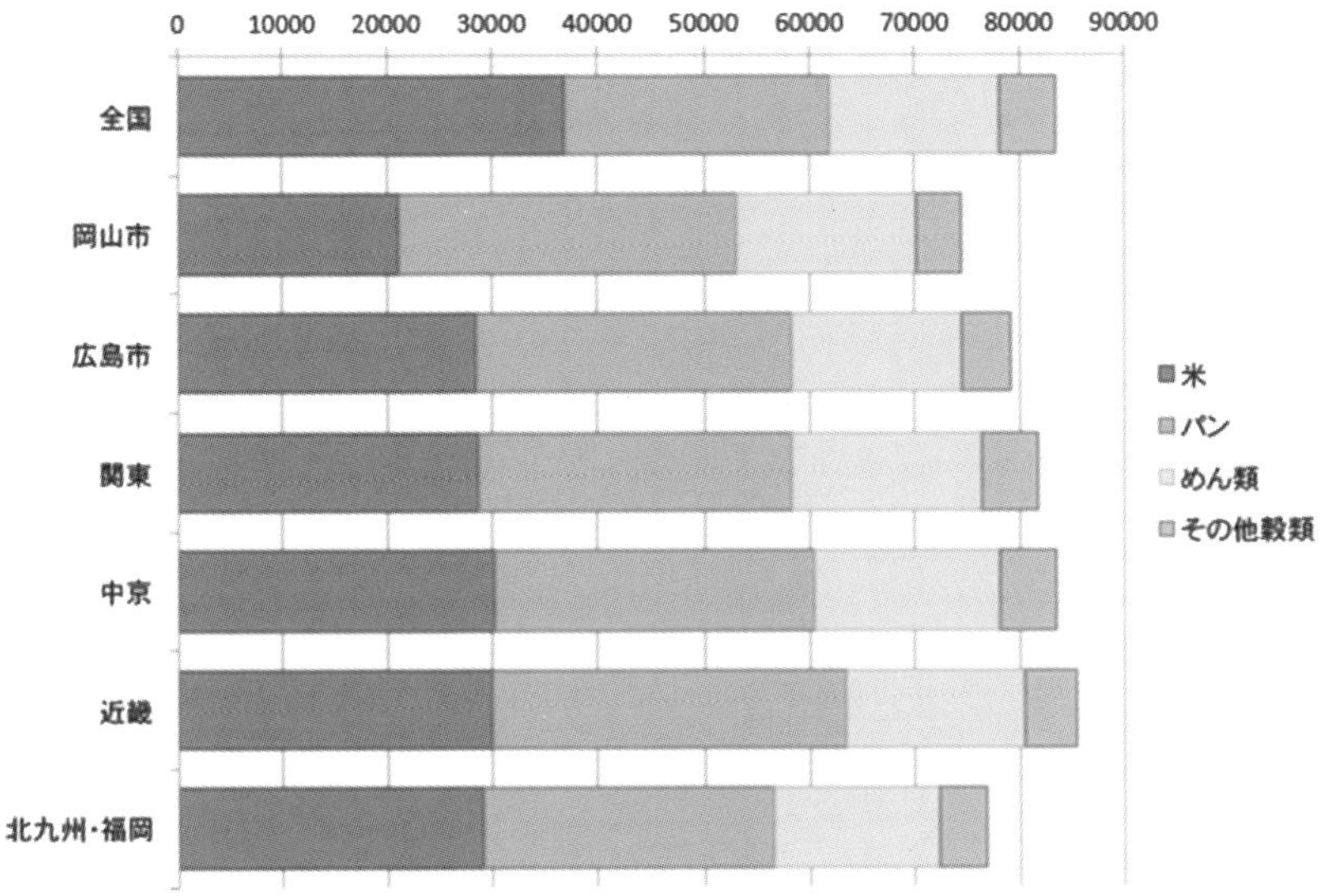

図５　穀類だけみると

し、それがここまで顕著に現れるかは納得できないと思います。岡山より農村部が近い都市も多く、岡山市だけが『購入以外の方法』で多く手にいれることができるのは普通ではないと考えるからです。

このように、主食を減らすという形で岡山市では節約をしていると考えられます。その他、魚介類・肉類・乳卵類も少ないところをみると、このような部分でも節約をしているのが岡山市の特徴ということができるでしょう。

四．肉類の詳細について

以前から、大学の講義で全国家計調査のデータを見ていて、食文化の特徴をつかむのにわかりやすいのが、肉類（牛肉・豚肉・鶏肉）の購入傾向です。この肉類の購入量・購入額のそれぞれについて、ここでも、主成分分析を用いて、都市を分類することを考えてみました。

まず、図6は購入量で主成分分析を行った結果をグラフにかいたものです。右上の矢印が「鶏肉g」、右の矢印が「牛肉g」、左上の矢印「豚肉g」になっていることから、右側にある都市は牛肉・鶏肉の購入量が多い都市であり、左側にある都市は豚肉の購入量が多い都市ということになります。このことを頭に入れて都市をよく見ると、右側には大阪市・広島市・和歌山市・福岡市など西日本の都市があることがわかります。左側には新潟市・盛岡市・福島市・長野市など東日本の都市があることがわかります。つまり、簡単にいえば西日本の都市は牛肉・鶏肉を好み、東日本の都市は豚肉が好む傾向があることがわかるのです。このことはカレーや肉じゃがの肉を何にするかという形でみることができます。実際、西日

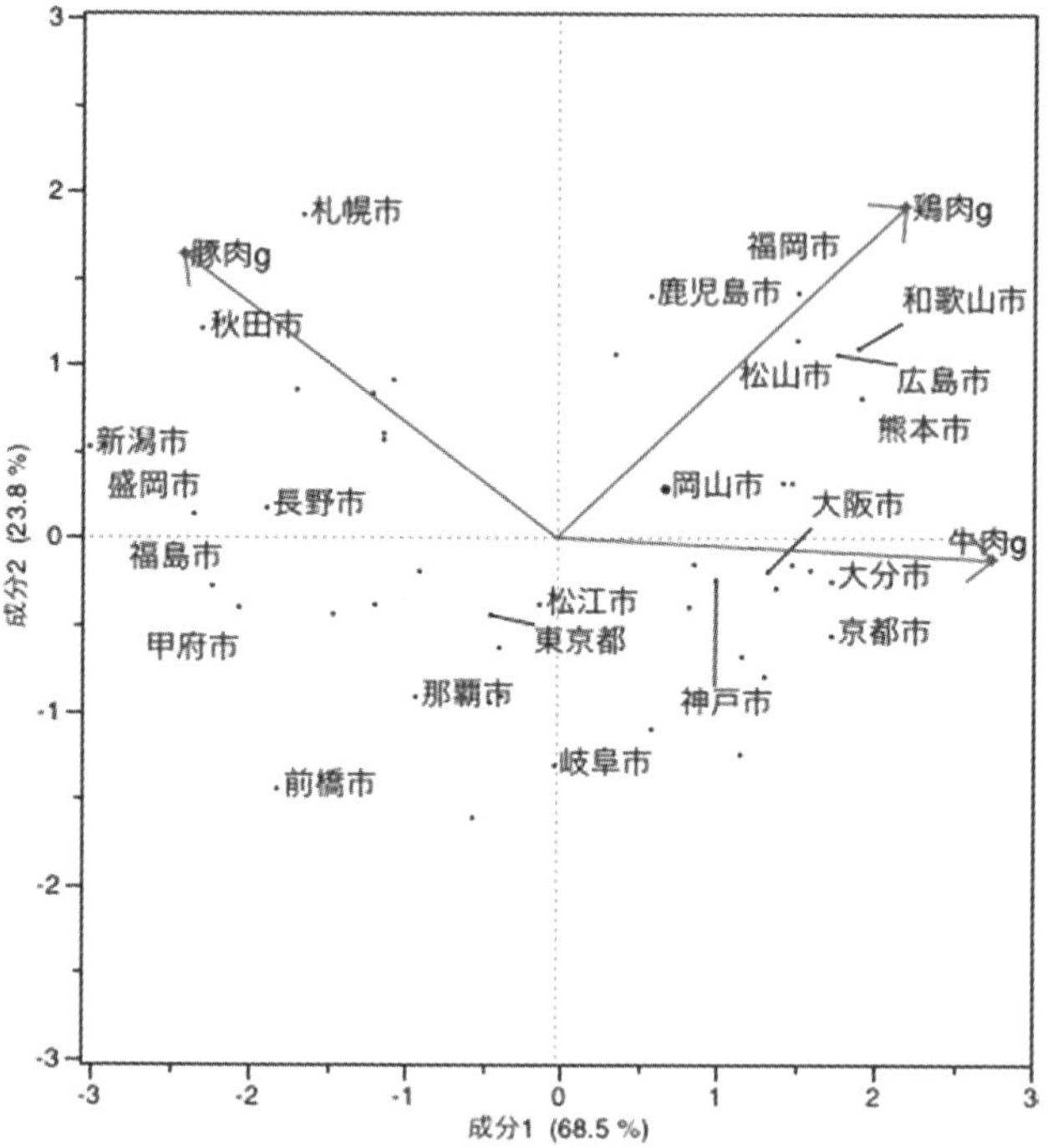

図6　肉類(量)

本では牛肉で肉じゃがを作ることが多く、東日本では豚肉で肉じゃがを作ることが多いそうです。

ところが、購入額で同じような主成分分析を行ってみました。この結果が図7です。矢印の形は、購入額と大きく違って、豚肉が上向きに近い左上向きの矢印になっていますが、基本的には似たような形です。この結果でも、右にある都市が牛肉・鶏肉の購入額が多い都市、左にある都市が豚肉の購入額が多い都市という形に分類されています。購入量と同様に、西日本の都市は右側に多く、東日本の都市は左側に多いことがわかります。購入量と同じ傾向です。

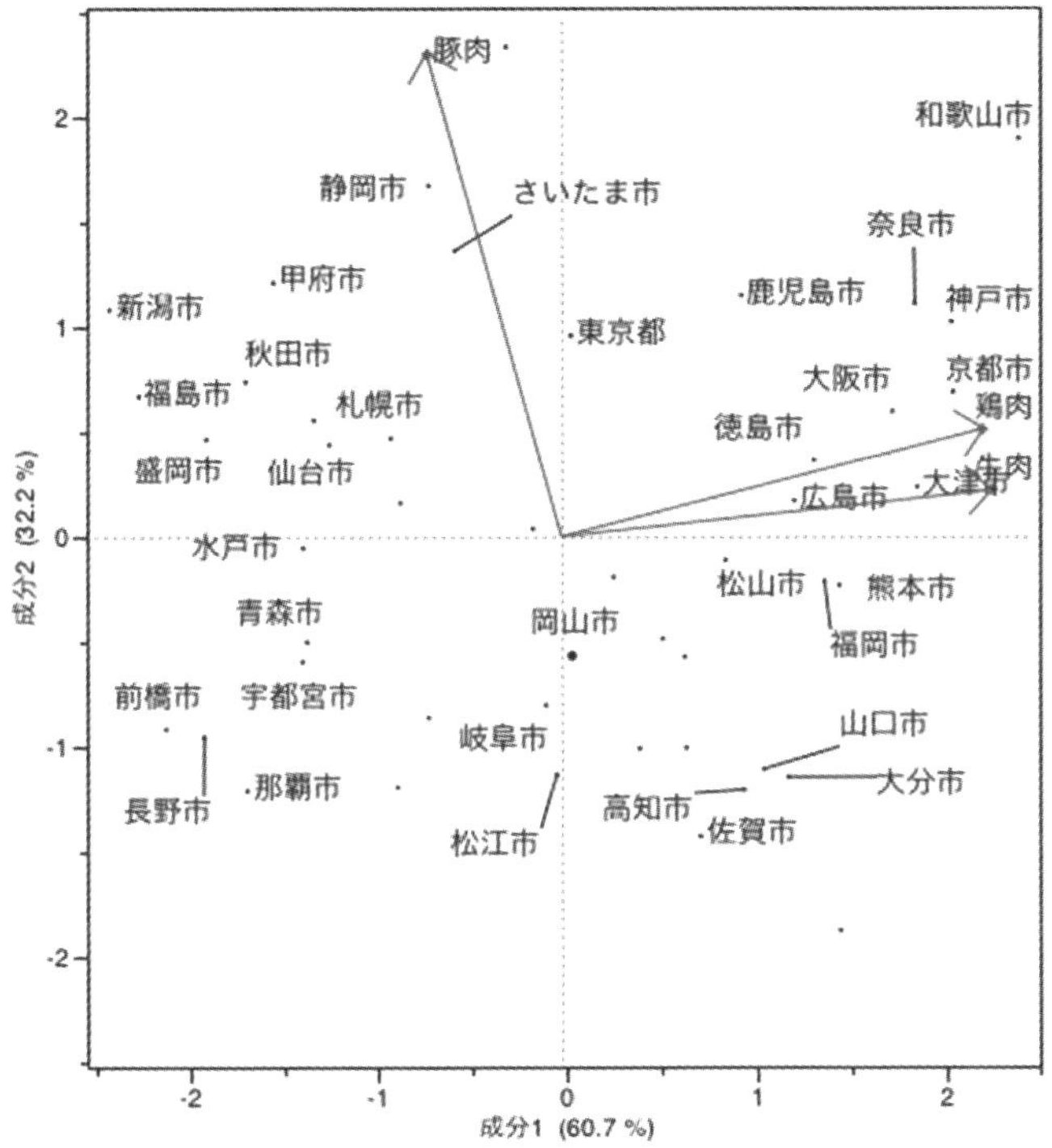

図7　肉類(金額)

ここで、岡山市を探してみると、図6の購入量では中央に近いですが、右側にあることがわかります。つまり、岡山市も西日本ですから、牛肉・鶏肉を好んで購入しているのです。ところが、図7の購入額では、岡山市はちょうど中央付近にあり、西日本・東日本の中間に分類されていることとなります。つまり、牛肉・鶏肉の購入額はそれほど多くなく、豚肉の購入額も多くないということになります。つまり、岡山市では『牛肉・鶏肉は好きで食べたいから量はきちんと購入するがその時の金額は少なくする』という購入の仕方を行っているということです。

購入量（g）と購入額（円）がわかっているので、米と同様にそれを元に購入している牛肉の平均単価を出してみました。表1がその結果です。これをみると、岡山市では購入されている牛肉の単価が異常に低いことがわかります。

表1　牛肉単価

市名	牛肉単価（100g）
岡　山　市	215.0円
東　京　都	294.2円
大　阪　府	308.3円
広　島　市	300.9円
全国平均	267.0円

もちろん、岡山市は牛肉の一大産地で牛肉が特に安いという立地にあるわけではありません。従って、岡山市では安い牛肉を中心に選んで購入していると言えるのではないでしょうか。簡単に言えば、西日本なので牛肉は食べたい、しかし、節約のために、安い牛肉（部位）で我慢するというのが、一つの節約のようです。

五．まとめ

これらをまとめてみます。

岡山市民は、年間収入はそれほど高くないなかで、高い住居費・交通通信費に困り、そのために負債額が大きく、貯蓄額が少ないという状況になっている。そのために、節約する必要があり、穀物類、特に米の購入を控えているという形が見えます。特に好きな牛肉を食べたいが、節約のためにできるだけ安いものですますなど日々努力して節約生活に励んでいると言えるのではないでしょうか。

今回、利用したのはデータだけであり、その他の情報は排除して考えてみました。特に、「岡山は○○である」という話は特に考えないで、実際のデータから読み取れることだけを考えてみました。今まで言われていた内容と異なるものが出てきている気もしますが、データだけを用いてこのような結論に達することができることを知ってもらいたいと思います。

大学生のすがたから見る岡山県

一．はじめに

文部科学省（二〇一三）によれば岡山県下には一七の四年制大学（国立一、公立二、私立一四）があり、そこに四万一五五一人の学生が通っています。一方、短期大学は岡山県下に一〇（公立二、私立八）あり、そこに三五二〇人の学生が通っています。これらを四七都道府県中のランキングで示すと、四年制大学数は一三位（一位：東京都、二位：大阪府、三位：愛知県）、その学生数も一三位（一位：東京都、二位：大阪府、三位：神奈川県）、短期大学数は一一位（一位：東京都、二位：大阪府、三位：愛知県）、そしてその学生数は一二位（一位：東京都、二位：大阪府、三位：愛知県）です。二〇一三（平成二五）年における岡山県の一五～二四歳人口が一八万七〇〇〇人（対岡山県人口比九・七一％。四七都道府県中一九位）であることを考えると、岡山県には結構な数の高等教育機関が設置され、そこに多くの学生が通っている様子が想像できます。そこで本稿では、岡山県下を含むさまざまな大学に通う学生を対象にアンケートを実施し、彼らの今を紹介しようと思います。

二．調査概要

最初に調査概要について説明します。

調査時期は二〇一四年六～七月および一〇～一一月、中国・近畿地方を中心に全国の二〇大学（うち四校は女子短大）でアンケート調査を実施しました。その方法は筆者らが各大学の教員に協力を依頼。承諾頂いた教員においては講義中に質問票を配布、学生には一五～二五分程度の時間をかけてその場で回答してもらいました。回収した質問票は二八八四名、そのうち岡山県下の大学に通う学生（以下、岡山通学者）は図1のように八九五名（三一％）、岡山県下の高校を卒業した学生（以下、岡山出身者）は図2のように四二三名（一五％。そのうち岡山県下の大学に進学したのは三九七名）でした。

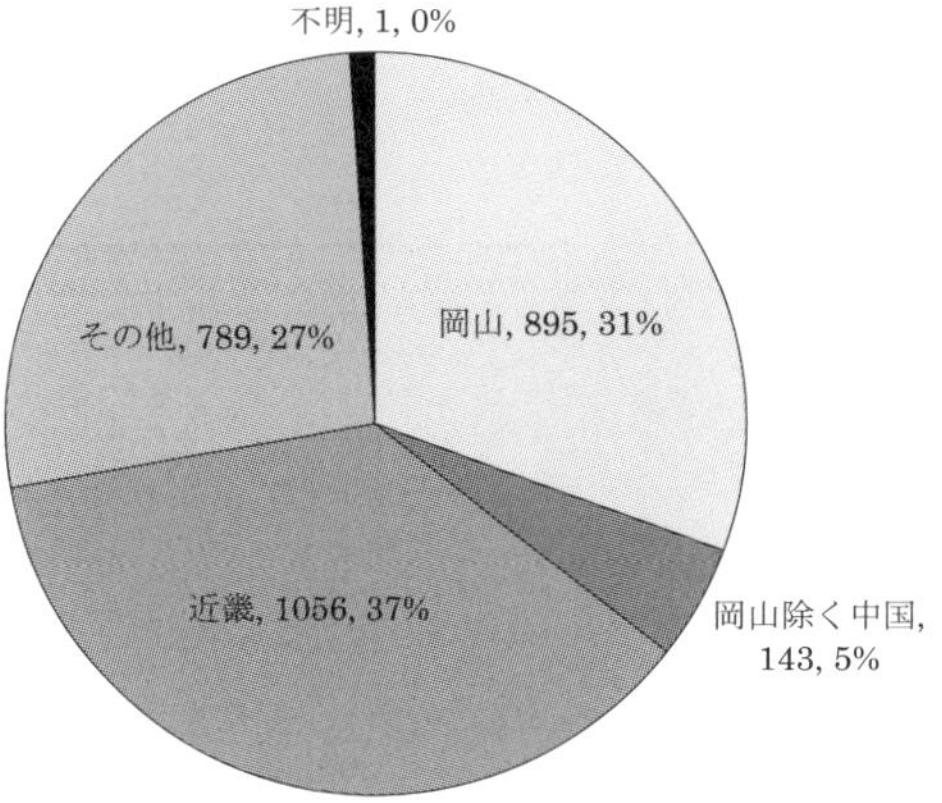

図1　アンケート実施地域内訳

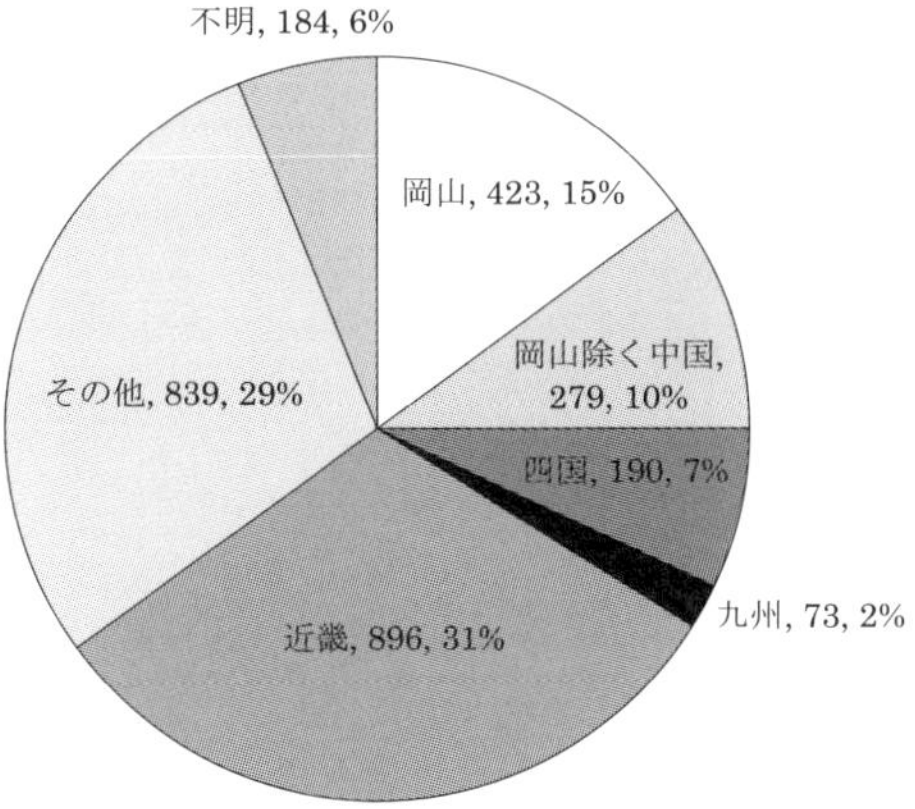

図2　サンプル出身地内訳

アンケートの内容は大きく分けて三つあります。一つ目は、大学生が将来の結果が不確実な状況下でどのような選択をするかを観察するために、カーネマン・トベルスキー（一

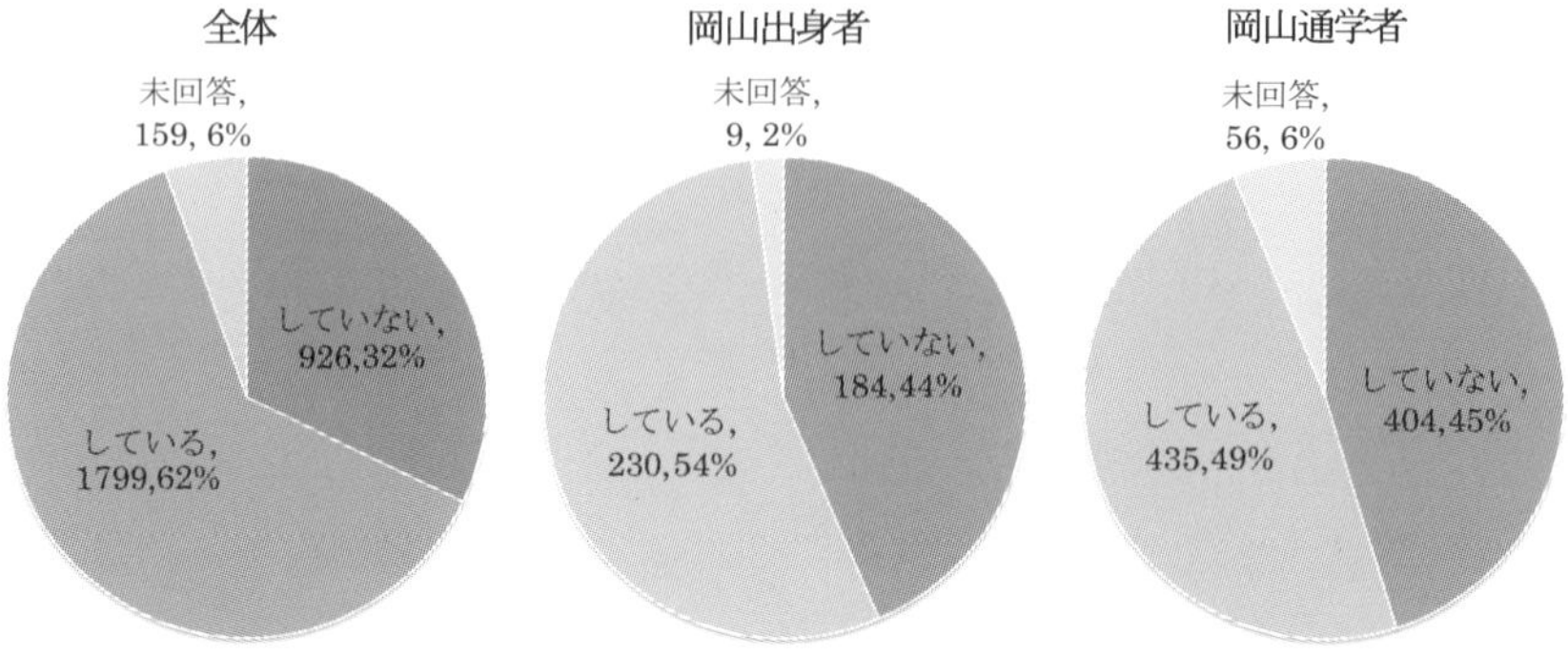

図３　アルバイト状況

九七九。以下、ＫＴ）において提唱された**プロスペクト理論**および**フレーミング効果**（これら**行動経済学**に関する解説は友野（二〇〇六）、ダンフォード（二〇一三）などを参照）に関する質問を設定しました。その背後には、日本の高校生を対象とした調査（中村（二〇一五））においてプロスペクト理論で主張される選択がみられなかったことがあります。二つ目は、心理学で開発された心理尺度を用いて大学生の認知構造の一端を観察するために、**時間的展望体験尺度**（白井（一九九四））と**認知的熟慮性・衝動性尺度**（滝聞・坂元（一九九一））を実施しました。最後は、大学生の生活習慣などに関する質問を設定しました。

三．生活習慣などについて

今回実施したアンケート調査から、ここでは大学生の生活習慣などについて特徴的なことをピックアップしました。

図３には大学生のアルバイト状況が示されています。サンプル全体から観察すると、アルバイトをする学生は一七九九人（六二％）、していない学生が九二六人（三二％）でした。ところが、岡

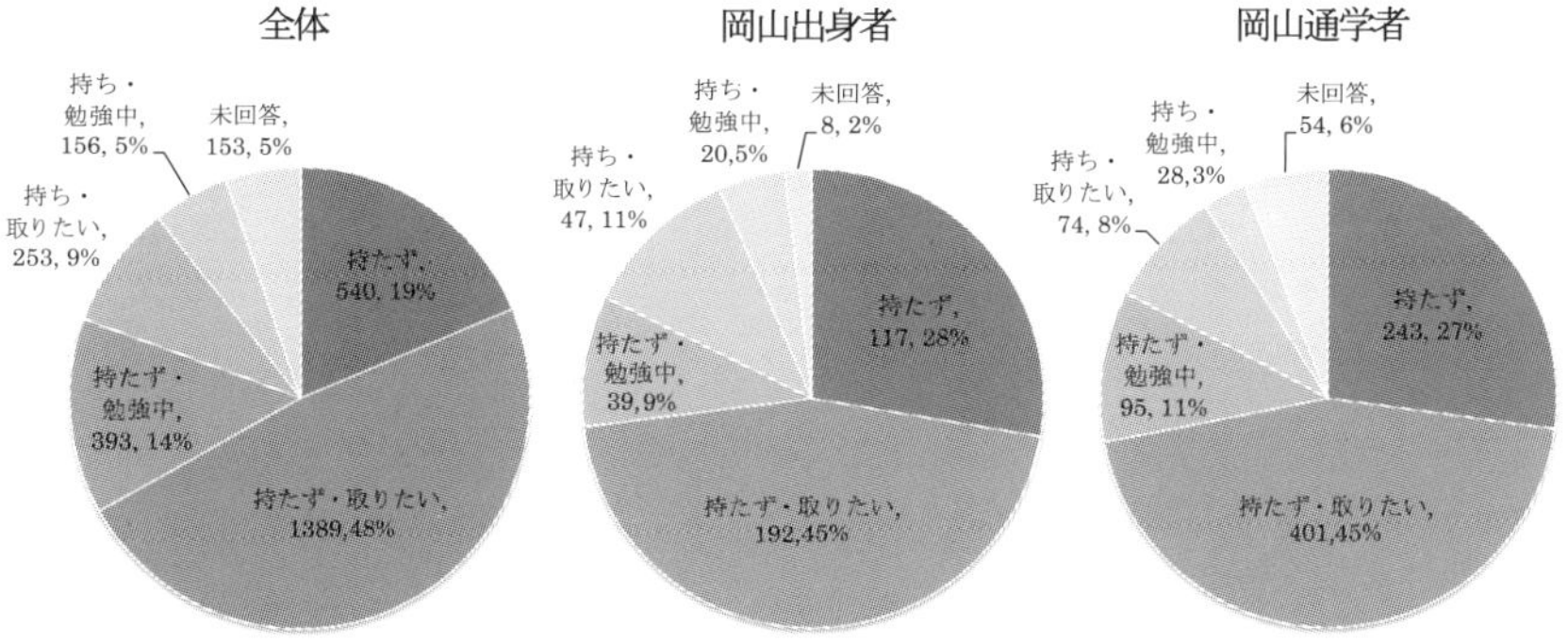

図4　資格意識

山出身者では二三〇人（五四％）、岡山通学者では四三五人（四九％）がそれぞれアルバイトをしていると回答し、サンプル全体に比べてアルバイトをしていない学生の割合が多い結果となりました。アンケート調査では、たとえばカテゴリーごとの回答割合などの差異が偶然に生じたもの（誤差の範囲）なのか、明らかな特徴を持った差異（これを**有意差**という）なのかを必ずチェックします。詳細な説明は省きますが、この場合、岡山出身者・通学者のアルバイト状況が他のカテゴリー（岡山出身者なら他県出身者、岡山通学者なら他県大学通学者）に属する学生と比べてどの程度異なるのかを調べます。その結果、岡山出身者・通学者においてアルバイトをする割合は他のカテゴリーと比べて有意に低いと判断できます。

　次に図4は大学生の資格に関する意識が示されています。サンプル全体から見ると、資格は未取得だが取りたいと思う「持たず・取りたい」が一三八九人（四八％）と一番多く、「持たず」（五四〇人、一九％）と合わせると六七％の学生が資格取得のために行動していないと回答しました。一方、資格取得を目指して行動する（した）学生は資格は未取得だが取得目指して勉強中の「持たず・勉強中」（三九三人、一四％）、すでに資格取得してさらに別の資格を取りたいと思う「持ち・取りたい」（二五三人、九％）、別の資格取得目指して勉強中の「持ち・勉強中」（一五六人、五％）を合わせて八〇二人（二八％）でした。

一方、岡山出身者の結果を見ると資格取得のために行動していない学生は「持たず」（一一七人、二八％）、「持たず・取りたい」（一九二人、四五％）を合わせて三〇九人（七三％）と、サンプル全体に比べて高い割合でした。一方、資格取得を目指して行動する（した）学生は「持たず・勉強中」（三九人、九％）、「持ち・取りたい」（四七人、一一％）、「持ち・勉強中」（二〇人、五％）を合わせて一〇六人（二五％）おり、サンプル全体に比べて低い割合でした。同様に岡山通学者の結果を見ると、資格取得のために行動していない学生は二つ合わせて六四四人（七二％）おり、これもサンプル全体に比べて高い割合でした。一方、資格取得を目指して行動する（した）学生は三つ合わせて一九七人（二二％）おり、これについてもサンプル全体に比べて低い割合でした。なお、これらの結果に有意差があることを確認しています。つまり、岡山出身者・通学者において資格取得のために行動する（した）学生の割合は他のカテゴリーと比べて有意に低いと判断できます。

四．不確実性下のくじ選択について

次に、ＫＴの提唱したプロスペクト理論に関する回答結果を紹介しましょう。

		全体		岡山出身者		岡山通学者	
		人数(人)	割合(%)	人数(人)	割合(%)	人数(人)	割合(%)
問1	A.25%の確率で100万円の賞金	709	25	140	33	268	30
	B.25%の確率で60万円、25%の確率で40万円の賞金	2161	75	279	66	618	69
問2	A.25%の確率で100万円の罰金	1348	47	217	51	477	53
	B.25%の確率で60万円、25%の確率で40万円の罰金	1521	53	203	48	410	46
問3	A.80%の確率で65万円の賞金	583	20	92	22	202	23
	B.100%の確率で52万円の賞金	2283	79	326	77	682	76
問4	A.80%の確率で65万円の罰金	1766	61	257	61	548	61
	B.100%の確率で52万円の罰金	1100	38	161	38	336	38
問5	A.12%の確率で140万円の賞金	1289	45	220	52	439	49
	B.24%の確率で70万円の賞金	1580	55	200	47	447	50
問6	A.12%の確率で140万円の罰金	1311	46	202	48	435	49
	B.24%の確率で70万円の罰金	1558	54	218	52	451	50

表1　不確実性下のくじ選択

その結果は表1に示されています。この表では回答割合についてのチェック結果が一目で分かる工夫がなされています。ここでも詳細な説明は省きますが、この表では白抜き数字で示した回答割合は〇・一%水準、網掛けされたそれは一%水準、そして下線を引いたそれは五%水準でそれぞれ有意な差異があることを表します。ここでx%とは有意差があるかどうかの基準確率（これが**有意水準**）で、xの値が小さいほど強い有意差であると考えてください。

最初にサンプル全体の回答から見ましょう。まず分かるのは、すべての質問で回答割合に有意差（問2のみが一%水準、残りが〇・一%水準）があることです。そこで各質問を確認すると、問1は二一六一人（七五%）の学生が【くじB】を選びました。賞金は低くても当たる確率が高いことを重視したと思われます。これはKTの観察結果と同じです。一方、問2は問1の確率の組合せはそのままにして賞金を罰金に変えたものです。この質問では一五二一人（五三％）の学生が【くじB】を選びました。当たったときに支払う罰金の少なさを重視したと思われます。ところが、KTは罰金を支払う確率の低さ、すなわち罰金を払わずに済む確率を重視して選択すると主張します。つまりこの質問では【くじA】を選ぶ学生が多いはずなのですが、今回の調査ではそうなりませんでした。

次に問3では二二八三人（七九％）の学生が【くじB】を選びました。絶対当たるくじを見た上で少しでもはずれる確率のあるくじを選ぶのは相当な勇気がいるはずです。一方、問4は問2と同様に問3の確率はそのままで賞金を罰金に変えたものです。この質問では一，七六六人（六一％）の学生が【くじA】を選びました。くじに当たらなければ罰金を払わなくていいのだから、少しでもはずれる確率のある【くじA】を選ぶのは自然でしょう。そして、いずれの結果もKTの観察結果と同じです。

問5では一五八〇人（五五％）の学生が【くじB】を選びました。問1と同様に賞金は低くても確率が少しでも高い方を選んだと思われます。ところが、KTはどのくじを買っても当たる確率が十分低いならば、賞金の高さを重視した選択をすると主張します。つまりこの状況では【くじA】を選ぶ学生が多いはずなのですが、今回の調査ではそうなりませんでした。一方、問6は問2・4と同じ操作をしたもので、一五五八人（五四％）の学生が【くじB】を選びました。これはKTで観察されたものと同じです。以上から、問2と問5でKTと異なる結果が観察され、しかもそれがかなり強い傾向で現れることが分かります。

サンプル全体の回答傾向がつかめたところで今度は表1の岡山出身・通学者の回答を観察しましょう。まず分かるのは問1・3・4ではサンプル全体と回答傾向が同じ、しかも〇・一％水準で有意です。問6についても【くじB】を選んだ学生が多いですが有意差は確認されませんでした。一方、問2・5は異なる傾向がみられます。問5では岡山通学者の四四七人（五〇％）が【くじB】を選びましたが有意差は確認されませんでした。他方、岡山出身者の二二〇人（五二％）がKTの主張通り【くじA】を選びましたがこれも有意差は確認されませんでした。そして、問2では岡山出身者の二一七人（五一％）、岡山通学者の四七七人（五三％）がKTの主張通り【くじA】を選びました。しかも岡山通学者に関しては五％水準で有意でした。

なおこの表には示しませんが、前節と同じ手法で岡山出身者・通学者の回答割合が他のカテゴリーと有意に異なるかどうかのチェックも行いました。その中で、問2については岡山出身者で五％水準、岡山通学者では〇・一％水準で有意差があると確認しました。つまり、少なくとも問2については岡山出身者・通学者の回答は他のカテゴリーと異なる傾向だと判断できます。

五．二つの心理尺度について

今度は二つの心理尺度、時間的展望体験尺度と認知的熟慮性・衝動性尺度の結果について紹介しましょう。

時間的展望体験尺度は一八の質問項目からなり、一定の手順により**目標指向性**、**希望**、**現在の充**

	全体		岡山出身者		岡山通学者	
	人数（人）	平均	人数（人）	平均	人数（人）	平均
目標指向性	2764	15.84	411	14.79	851	15.44
希望	2807	11.51	417	11.04	863	11.21
現在の充実度	2811	15.56	418	15.47	865	15.47
過去受容	2805	13.51	419	13.18	869	13.17
熟慮性	2741	26.52	417	27.03	853	27.07

表2　心理尺度の平均点比較

実度、**過去受容**という四つの指標に分けてそれぞれ点数化したものです。その点数範囲は目標指向性と現在の充実度が五～二五点、希望と過去受容が四～二〇点です。一方、認知的熟慮性・衝動性尺度（特に断りのない限り、以下では**熟慮性**と表記）は一〇の質問項目からなり、一〇～四〇点の範囲で点数化したものです。いずれの指標も点数が高いほど該当する力が高いことを表します。

表2には五つの指標の平均点が示されています。表1と同様、岡山出身者・通学者に関して白抜き数字で示した平均点は〇・一％水準、網掛けのそれは一％水準、そして下線のそれは五％水準でそれぞれ他のカテゴリーと有意な差異があることを表します。もちろんですが、平均点に有意差があるとしてもそれは絶対的なものではなく、あくまでも他のカテゴリーの平均点と比較しての話であることに注意してください。

岡山出身者の平均点から見ましょう。まず目標指向性の平均点は一四・七九点で他県出身者のそれ（一六・〇三点。表2には示していないが、以下ではカッコ書きで示す）と比べて〇・一％水準で低いです。希望の平均点は一一・〇四点で他県出身者のそれ（一一・五九点）と比べて一％水準で低いです。現在の充実度の平均点は一五・四七点で他県出身者のそれ（一五・六一点）との差異は確認できませんでした。過去受容の平均点は一三・一八点で他県出身者のそれ（一三・五九点）と比べて五％水準で低いです。最後に熟慮性の平均点は二七・〇三点で他県出身者のそれ（二六・三八点）と比べて五％水準で高いです。同様に岡山通学者の平均点を見ましょう。目標指向性は一五・四四点で岡山出身者よりも高いですが、他県大学通学者（一六・〇一点）と比べて一％水準で低いです。希望は一一・二一点で岡山出身者よりも若干高いですが、他県大学通学者（一一・六四点）と比べて一％水準で低いです。現在の充実度は一五・四七点で岡山出身者と同じ、しかも他県大学通学者（一五・六〇点）との差異は確認できませんでした。過去受容は一三・一七点で岡山出身者とほぼ同じですが、他県大学通学者（一三・六五点）と比べて〇・一％水準で低いです。最後に熟慮性は二七・〇七点で岡山出身者とほぼ同じですが、他県大学通学者（二六・二七点）と比べて〇・一％水準で低いです。

以上をまとめると、他のカテゴリーに比べて岡山出身者・通学者において目標指向性、希望、過去受容の平均点は低く、現在の充実度のそれはほぼ同じ、熟慮性のそれは高いと判断できます。

六．クロス集計

以上、これまでは実施したアンケート調査の中から特徴的な事柄をピックアップして紹介してきました。アンケート調査などでは属性（男女別や学年別など）ごとの回答割合なども集計します。これを**クロス集計**といいます（岡山出身者や岡山通学者ごとの集計も〔他カテゴリーの結果は示していないが〕クロス集計である）。そこでここでは、これまで紹介してきた結果からいくつかの属性ごとにクロス集計したものの中から特徴的な事柄を二つ紹介したいと思います。

（1）くじ選択の男女別集計

最初に示すのがくじ選択（表1）の男女別集計です。将来の結果が不確実な状況での選択に男女間の違いが観察されます。日本の高校生でも同様の傾向が観察されます（中村（二〇一五））が、今回の調査で大学生においてもそれが確認されるでしょうか？

表3では表1の結果を男女別に集計し直したものを示しています。この表において白抜き数字、網掛け数字そして下線数字の意味は表1に準じます。なお、この表での差異とは回答の男女差のことです。

まずサンプル全体の結果から観察しましょう。まず分かるのは問4を除くすべての質問において回答の男女差が〇・一％水準でみられます。子細に検討すると、問1・3では男女とも【くじB】を選んだ学生が多いのですが女子の方がより多い（問1で八五％、問3で八四％）です。問5では男子の八三七人（五二％）がKTの主張通り【くじA】を選びましたが、女子の七二一人（六六％）が【くじB】を選びました。一方、問2では男子の八八九人（五五％）がKTの主張通り【くじA】を選びましたが、女子の七〇九人（六五％）が【くじB】を選びました。問6では男子のくじ選択はほぼ半々でしたが、女子の六六九人（六一％）がKTの主張通り【くじB】を選びました。以上

		全体				岡山出身者				岡山通学者			
		男子		女子		男子		女子		男子		女子	
		人数(人)	割合(%)	人数(人)	割合(%)	人数(人)	割合(%)	人数(人)	割合(%)	人数(人)	割合(%)	人数(人)	割合(%)
問1	A	493	30	165	15	124	33	10	29	221	32	27	19
	B	1129	70	927	85	250	67	25	71	466	68	112	81
問2	A	889	55	383	35	201	54	12	34	385	56	62	45
	B	733	45	709	65	174	46	23	66	303	44	77	55
問3	A	376	23	176	16	87	23	4	11	166	24	24	17
	B	1242	77	916	84	286	77	31	89	519	76	115	83
問4	A	1014	63	668	61	224	60	27	77	425	62	96	70
	B	604	37	424	39	149	40	8	23	261	38	42	30
問5	A	837	52	370	34	203	54	12	34	354	51	56	41
	B	785	48	721	66	172	46	23	66	334	49	82	59
問6	A	819	50	422	39	181	48	18	51	349	51	60	43
	B	803	50	669	61	194	52	17	49	339	49	78	57

表３　くじ選択の男女別クロス集計

を踏まえて男女別で回答数の多いくじを列挙すると、男子は問1＝B、問2＝A、問3＝B、問4＝A、問5＝A、問6＝Aなのに対して、女子は問1＝B、問2＝B、問3＝B、問4＝A、問5＝B、問6＝Bです。つまり、男子はすべての質問でKTの主張通りの回答をした人数が多いのに対して、女子は問4を除くすべての質問で【くじB】を回答した人数が多く、明らかな男女差が観察されます。

以上を踏まえて岡山出身者の結果を観察しましょう。これを見ると問2・4・5の3問において五％水準で回答に男女差があります。子細に見ると、問2では男子の二〇一人（五四％）がKTの主張通り【くじA】を選びましたが、女子の二三人（六六％）は【くじB】を選びました。問4では男女とも【くじA】を選んだ学生が多いですが女子の方がより多い（七七％）です。問5では男子の二〇三人（五四％）がKTの主張通り【くじA】を選びましたが、女子の二三人（六六％）は【くじB】を選びました。つまり、有意な男女差が観察された質問においてその回答傾向はサンプル全体と同じであると分かります。

同様に岡山通学者の結果を見ましょう。これを見ると問1は一%水準、問2・5では五%水準でそれぞれ回答に男女差があります。子細に観察すると、問1では男女とも【くじB】を選んだ学生が多いのですが女子の方がより多い（八一%）です。問2では男子の三八五人（五六%）がKTの主張通り【くじA】を選びましたが、女子の七七人（五五%）は【くじB】を選びました。問5では男子の三五四人（五一%）がKTの主張通り【くじA】を選びましたが、女子の八二人（五九%）は【くじB】を選びました。つまり、有意な男女差が観察された質問において、その回答傾向は岡山出身者と同様にサンプル全体と同じであると分かります。

（2）資格意識別の心理尺度

次に示すのが二つ心理尺度の五つの指標（表2）の資格意識別集計です。資格を取得しようという意識は大学卒業後の進路選択や業務の効率的遂行という観点から重要なのはもちろんですが、これらがいずれも将来にかかわる事項であることが重要です。もし学生たちが自らの将来設計を自覚的に考えるならば、それは時間的展望体験尺度の点数に反映されるかもしれません。一方、「資格は就活に有利」という風潮があるとはいえ、闇雲に資格取得に走れば「資格コレクター」に陥りがちになります。そうならないためには自分の将来設計と資格とのつながりについて考える必要があります。すると、資格意識は認知的熟慮性・衝動性尺度の点数に反映されるかもしれません。

以上のことを確認するために岡山出身者・通学者についてクロス集計しました。結果のみを言う

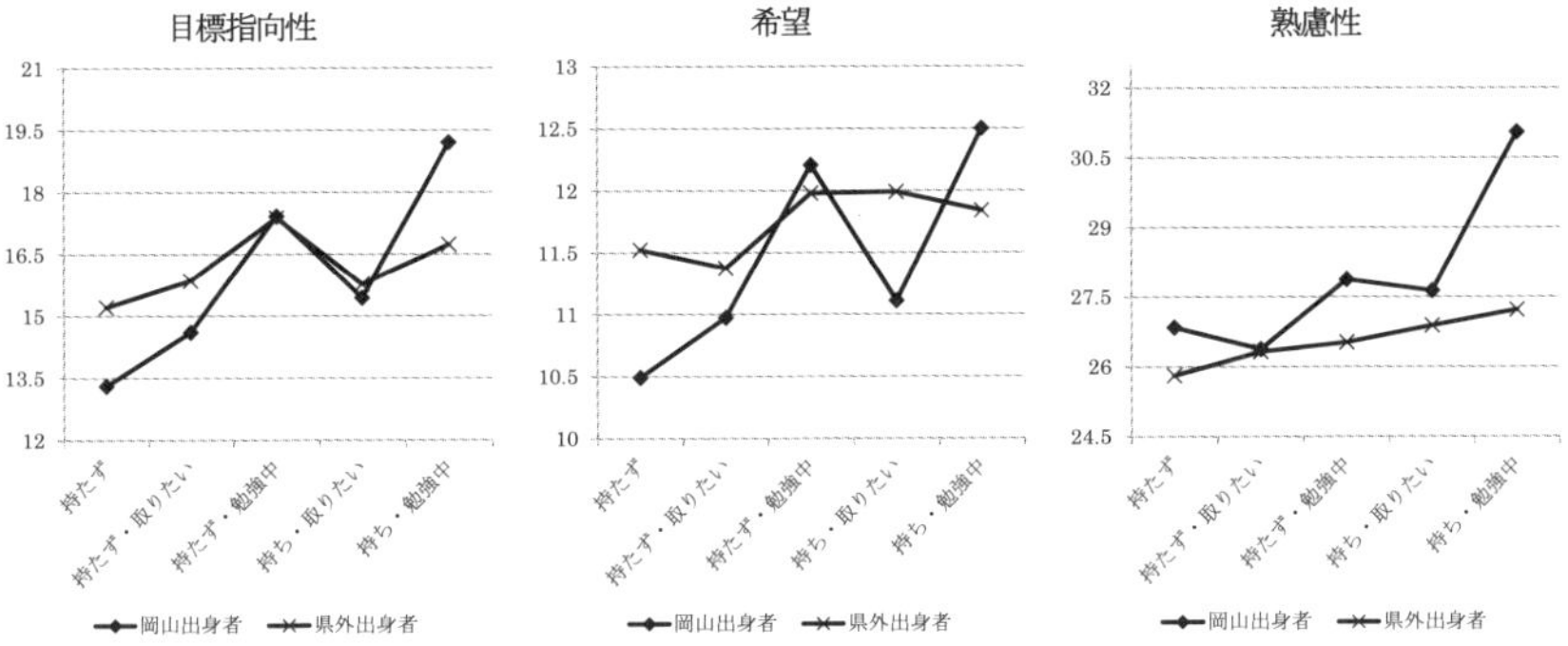

図５　資格意識別心理尺度（岡山出身者）

と、両者とも五つの指標のうち目標指向性（いずれも〇・一％水準）、希望（出身者が一％水準、通学者が〇・一％水準）、熟慮性（いずれも〇・一％水準）でそれぞれ他のカテゴリーと比べて平均点に資格意識上の差異がみられました。そこでここでは、資格意識別の三指標の平均点を視覚的にとらえて両者の特徴をつかもうと思います。

図５には岡山出身者と県外出身者の目標指向性、希望、熟慮性の資格意識別の平均点の推移が示されています。まず目標指向性から見ると、岡山出身者における「持たず」の平均点は県外出身者のそれより約一・九点低く、「持ち・勉強中」の平均点は県外出身者のそれより約二・四七点高いです。岡山出身者と県外出身者の「持たず・勉強中」「持ち・取りたい」の平均点がほぼ一致してはいますが、岡山出身者は県外出身者に比べて資格意識が高まるほど目標指向性が急速に高まる傾向にあると言えます。次に希望についてみると、県外出身者の平均点が資格取得を目指して行動する（した）学生で一二点弱で推移しているのに対して、岡山出身者は「持たず・勉強中」「持ち・勉強中」と資格取得目指して勉

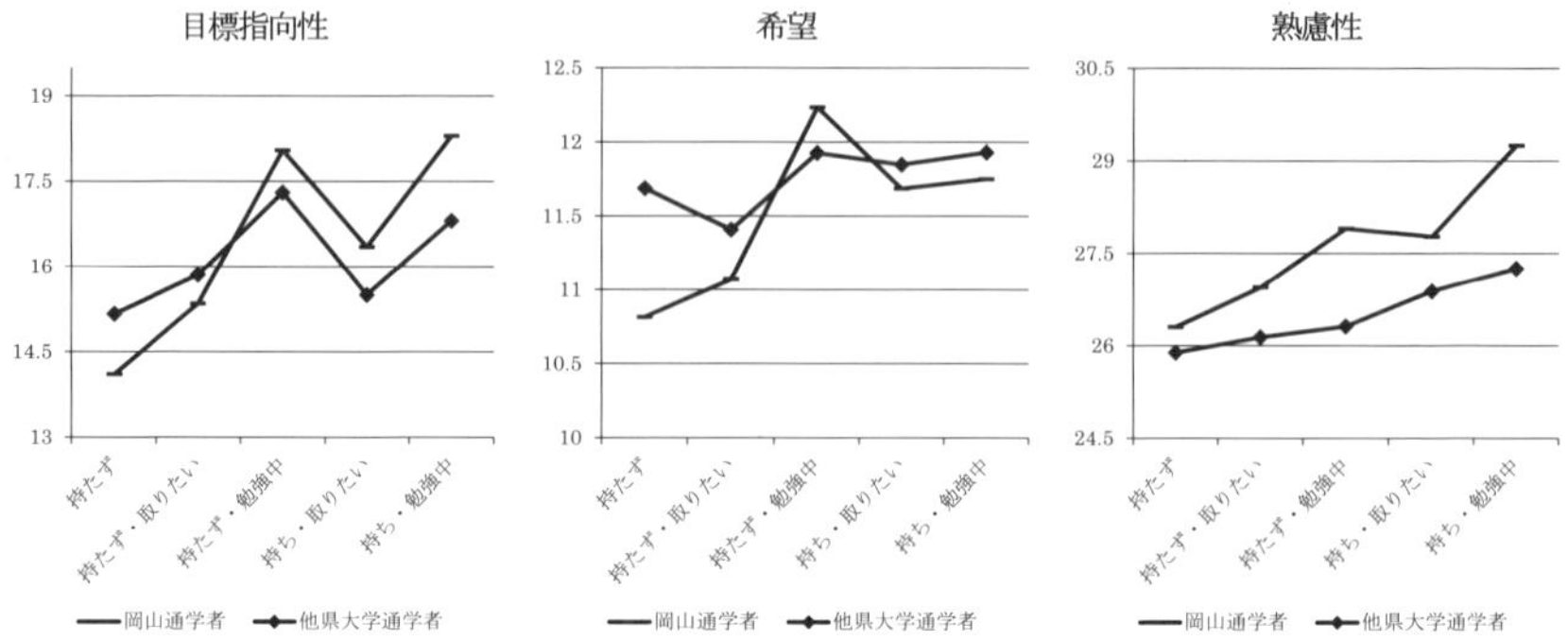

図６　資格意識別心理尺度（岡山通学者）

強する学生の平均点において一二点を超えます。そして岡山出身者における「持たず」の平均点は約一・〇三点低く、「持たず・取りたい」の平均点は〇・四点低いです。これを踏まえると、岡山出身者において資格取得目指して行動する学生ほど希望が急速に高まる傾向にあると言えます。最後に熟慮性については、他県出身者は資格意識が高まるほど緩やかに平均点が増加するのに対して、岡山出身者は資格意識が高まるほど急速に高まり、「持ち・勉強中」に至っては三一点を超えます。

一方、図６は岡山通学者と他県大学通学者の目標指向性、希望、熟慮性の資格意識別の平均点の推移が示されています。まず目標指向性についてみると、岡山通学者の「持たず」は約一・〇六点、「持たず・取りたい」は〇・五一点だけそれぞれ他県大学通学者と比べて低いです。他方、岡山通学者の「持たず・勉強中」は約〇・七四点、「持ち・取りたい」は約〇・八五点、「持ち・勉強中」は約一・四九点だけそれぞれ他県大学通学者よりも高くなります。この結果は岡山出身者とほぼ同じ傾向にあると分かります。希望については、岡山通学者の「持たず・勉強中」のみが他県大学通学者に比べて約〇・三一点上回りますが、それ以外は他県大学通学者に比べて低いです。とりわけ、岡山通学者の「持たず」の平均点は約〇・八七点、「持たず・取りたい」の平均点が〇・三四点だけそれぞれ他県大学通学者と比べて低く、その意味では希望についても岡山出身者とほぼ同じ傾向にあると分かります。最後に熟慮性についてはすべての資格意識のもとで岡山通学者の平均点は他県大学通学者を上回り、しかも資格意識の高まりで急速に高くなります。これについても岡山出身者と同じ傾向にあると分かります。

資格取得を目指して勉強するのはそれなりに目標が明確でなければなりません。その目標を明確にするにはさまざまな観点から熟慮しなければなりませんし、それを通じて明るい将来展望が見えていなければなりません。その意味で行けば、ここで示したすべてのカテゴリーにおいて資格意識の高まり、とりわけ資格取得を目指して行動する（した）ほど平均点が高くなるのは自然なことと思われます。その中にあって、岡山出身者・通学者の平均点の推移が他のカテゴリーに比べて急速であるのは特徴的な性質だと言えるかもしれません。なお、二つの属性（ここでは出身地・通学地と資格意識）に着目したグラフで互いの傾きが異なるとき、二つの属性に交互作用があるといいます。岡山出身者と他県出身者では資格意識の割合に他のカテゴリーと有意差があるのを確認しています（図４）から、その影響が出たものと推測されます。

七．まとめ

以上、ここではわれわれが実施した大学生のアンケート調査の結果をかいつまんで紹介してきました。岡山出身者・通学者が他のカテゴリーの学生と異なる部分を列挙すると次のようになるでしょう。

・アルバイトをする割合が低い。
・資格取得を目指して行動する（した）割合が低い。
・くじ選択の一部において、プロスペクト理論の主張通りの選択をする。
・時間的展望体験尺度のうち目標指向性・希望・過去受容の平均点が低く、認知的熟慮性・衝動性尺度の平均点が高い。
・目標指向性・希望・熟慮性の指標は資格意識が高まるほど急速に高くなる。

とはいえ、今回のアンケート調査から項目間の連動性（**相関分析**）や因果関係（**回帰分析**）などについては行われていません。今後はこうしたことを中心に解析を進めていきたいと思います。

〔謝辞〕

本稿作成に当たり、アンケート実施に協力頂いたすべての先生方およびすべての学生諸氏に深謝します。データベースを作成頂いた青木希代子さんと三原ゼミ四期生、特に難波耕太郎君、長畑宏伸君、有益なアドバイスを賜った小出哲彰氏（與商会）にも併せて深謝します。

参考文献

Kahneman, D. and A. Tversky（一九七九） “Prospect Theory : An Analysis of Decision under Risk.” *Econometrica* Vol,47 No.2 pp. 263-291.

白井利明（一九九四）「時間的展望体験尺度の作成に関する研究」『心理学研究』 第六五巻第一号 五四－六〇頁。

滝聞一嘉・坂元章（一九九一）「認知的熟慮性—衝動性尺度の作成 —信頼性と妥当性の検討」『日本グループダイナミクス学会第三九回発表論文集』 三九－四〇頁。

友野典男（二〇〇六）『行動経済学—経済は「感情」で動いている—』 光文社新書。

中村勝之（二〇一五）「高校生におけるリスク下の選択の決定要因に関する予備的考察（一）」『桃山学院大学経済経営論集』 第五七巻第一号 三七－五六頁。

ハワード S. ダンフォード（二〇一三）『ポケット図解 行動経済学の基本がわかる本』 秀和システム。

文部科学省（二〇一三）『学校基本調査 二〇一三（平成二五）年度』。

あとがき

シリーズ『岡山学』の第一三集をおおくりいたしました。

今回のテーマは、これまでのようにどこか特定の地域、遺跡などを扱うのではなく、岡山全体を統計の数字から眺めてみようという試みをしてみました。いかがだったでしょうか。いわば、研究の手法から岡山を考えた、ということです。最近、例えば「餃子消費量ベスト3」などといった統計をもとにしたテレビ番組などがありますが、それを岡山県だけに絞って見たわけです。なかでも柳貴久男さんの家計の統計を使った分析は、そうした番組に近いものだと思いますが、「主成分分析」という手法で他の都市と比較するグラフなどは普段あまり目にするものではなく、「岡山ってどんなとこ?」ということを面白く見ることができたのではないでしょうか。もっとも、多くの自然科学の研究ではデータの積み重ねにより研究を行いますから、これまでの『岡山学』シリーズ内の多くの章も、今回のテーマのように研究されていました。あらためて、これまでの一二シリーズの中の各章から、データの集積をもとになされた研究を集めて本の形にしても面白いかもしれません。

私たち『岡山学』研究会は、一七年前、岡山理科大学に総合情報学部が新設された時に生まれました。そのころはまだ、「情報」というとスパイ映画を思い出すというほどのイメージを持った言葉でしかなかったものを、あらゆることを「情報」と捉えそれを、当時まだ〝若かった〟情報機器を使って、総合化して研究する、という理念で作られた学部でした。その後情報機器・技術は目覚ましく発展し、近年では「ビッグ・データ」などといった言葉もよく耳にされていることと思いますが、学問分野にもデータ・サイエンスという言葉が登場してきました。あらゆる事象を「情報」ととらえるということは当たり前になり、自然科学・理系の研究分野に限らず、社会・人文科学分野でも「データ」を処理して研究するという意味では、もう理系・文系の区分はあまり意味を持たなくなっています。ビッグ・データ分析は、経営・マネジメントの世界でこそ行われていることで、「理系」研究だけのものではありません。ちなみに、こうしたトレンドにあって、岡山理科大学の中に「経営学部」を作ろう、という動きがあります。理系・文系の別なく岡山を総合的に研究しようという私たち『岡山学』は、そうした時代を先取りしていた、ということが私たちの自慢ではありますす。研究会ができてから一五年、研究方法の進化に応じて、私たちも進化していきたいと思います。そうして、さらに「岡山」を知り、情報を発信していきたいと考えております。一緒に岡山を研究しようという方のご参集をお待ちしております。

末尾になりましたが、研究会の活動に理解を示して出版助成をしていただきました岡山理科大学と、いつも編集でご協力をいただいております吉備人出版の金澤健吾氏に、感謝申し上げます。

二〇一五年一二月九日

岡山理科大学『岡山学』研究会幹事　志野敏夫

■執筆者紹介

能美　洋介（のうみ　ようすけ）

一九六四年、福岡県生まれ。岡山理科大学総合情報学部。地形面をコンピュータ上で再現し、それを使った地質や地形の成り立ちについて研究しています。

Natural gamma ray spectrometry for Yata active fault area. Proceedings, International sysmposium on GeoInformatics for Spatial-Infrastracture Development in Earth and Allied Science. GIS-IDEAS 2006, The Japan-Vietnum Geoinformatics Consortium.（共著）

『「岡山検定」公式テキスト』（分担執筆「岡山の地理（地形・地質）」）岡山商工会議所編、二〇〇六年。

太田　謙（おおた　けん）

一九八一年、兵庫県生まれ。岡山理科大学自然植物園。植生の分布や発達と、地質・地形の関係を研究しています。瀬戸内地方の二次林について、特に興味をもって調べています。最近は森林だけでなく、河川や湿原も興味を持って調査しています。

「岡山市瀬戸町における堆積岩地域の森林植生と地形属性」（共著）『HIKOBIA』（16号）、二〇一一年。「児島半島の植生」（共著・分担執筆）岡山学研究会編『シリーズ『岡山学』一二　瀬戸内海を科学する　Part2』吉備人出版、二〇一四年。

波田　善夫（はだ　よしお）

一九四八年、広島県生まれ。岡山理科大学　学長（兼務　生物地球学部生物地球学科）。植物がなぜそこに生育しているのかについて研究しています。

「The vegetation on the granite rock area at Ashimori, Okayama City, S.W.Honshu, Japan.」（共著）Naturalistae, 16: 19-27. 二〇一二年。「開析溶岩台地における斜面上側の地質が花崗岩域の植生に及ぼす影響」（共著）植生学会誌（31）、二〇一四年。

大橋　唯太（おおはし　ゆきたか）

一九七二年、岐阜県生まれ。岡山理科大学生物地球学部、生物地球学科。身近な気象現象を対象に、地域の人間生活への気象・気候の影響について研究しています。野外での観測だけでなく数値シミュレーションも研究に取り入れています。

『環境気象学入門』（共著）大学教育出版、二〇〇七年。

Numerical simulations of summer mesoscale heat-stress around the Seto Inland Sea, Japan. Journal of Meteorological Society of Japan, Vol.92, 2014

「東京二三区を対象とした夏季の睡眠障害と夜間の屋外熱環境の関係について」『環境情報科学論文集二八』、環境情報科学センター（二八号）、二〇一四年。

柳　貴久男（やなぎ　きくお）

一九六四年、福岡県生まれ。岡山理科大学総合情報学部。多量のデータ（ビッグデータ）から、そのデータの持っている隠れた情報を見つけ出すための手法やそのためのソフトウエアの開発をしています。また、データをわかりやすいグラフの形で表現することを行っています。そのほかに、統計教育関連についても研究しています。『新・情報社会人のすすめ』（一九九七）ぎょうせい　情報教養研究会著　一部分を担当。「COMPUTER ASSISTED STATISTICAL EDUCATION— THE COURSE OF STATISTICAL EDUCATION BASED ON WEB COMPSTAT」（共著）二〇〇六年。

中村　勝之（なかむら　かつゆき）

一九七一年、山口県生まれ。桃山学院大学経済学部。行動経済学を足掛かりに、若者のさまざまな意思決定について研究しています。現在は行動経済学で用いられるアンケートと心理尺度を組み合わせたアプローチを採用しています。『大学院へのミクロ経済学講義』現代数学社、二〇〇九年。『大学院へのマクロ経済学講義』現代数学社、二〇〇九年。「反射効果に関する実証的一考察～高校生対象のアンケート調査を通して～」『桃山学院大学経済経営論集』（第55巻第4号）、二〇一四年。

三原　裕子（みはら　ゆうこ）
一九七七年、兵庫県生まれ。岡山理科大学総合情報学部。少子・高齢化社会における社会保障制度の在り方、また人口動態が発展、成長に及ぼす影響について興味があります。
「親の要介護の程度と公的介護保険制度」『応用経済学研究』勁草書房、二〇一二年。Relationship between Family Care and Public Care Services for the Elderly,Modern Economy,二〇一五、Effects of Public Health Investment on Economic Development through Fertility,Macroeconomic Dynamics,Cambridge University Pres,(Forthcoming)（共著）二〇一五年。

編　者　紹　介

岡山理科大学『岡山学』研究会

「岡山」を対象に、自然科学・人文科学・社会科学・情報科学など様々な方向から検討し、明らかにしていこうという目的で、1999年に作られた研究会。2013年に岡山県文化奨励賞（学術部門）を受賞。

〔**「岡山学」シリーズ**〕

『岡山学』12　瀬戸内海を科学する Part.2
『岡山学』11　瀬戸内海を科学する Part.1
『岡山学』10　高梁川を科学する Part.2
『岡山学』9　岡山の「災害」を科学する
『岡山学』8　高梁川を科学する Part.1
『岡山学』7　鬼ノ城と吉備津神社—「桃太郎の舞台」を科学する（品切れ、電子書籍）
『岡山学』6　旭川を科学する Part.4
『岡山学』5　旭川を科学する Part.3
『岡山学』4　旭川を科学する Part.2
『岡山学』3　旭川を科学する Part.1
『岡山学』2　吉井川を科学する
『岡山学』1　備前焼を科学する（品切れ、電子書籍）

データでみる岡山　シリーズ『岡山学』13

2016年1月27日　初版第1刷発行

編　者　岡山理科大学『岡山学』研究会

岡山理科大学総合情報学部・生物地球学部
〒700-0005　岡山市北区理大町1－1
電話086-256-8003　メールoffice@info.ous.ac.jp

発行所　吉備人《きびと》出版
〒700-0823　岡山市北区丸の内2丁目11－22
電話086-235-3456　ファクス086-234-3210
振替01250-9-14467
メールbooks@kibito.co.jp
ホームページhttp://www.kibito.co.jp/
印刷所　サンコー印刷株式会社
製本所　日宝綜合製本株式会社

ISBN978-4-86069-459-3
乱丁・落丁はお取り替えします。定価はカバーに表示しています。